Franziska Protz

Der EFPIA-Kodex in der pharmazeutischen Industrie

Implementierung eines Controllingsystems zur Sicherstellung seiner Einhaltung

Protz, Franziska: Der EFPIA-Kodex in der pharmazeutischen Industrie: Implementierung eines Controllingsystems zur Sicherstellung seiner Einhaltung, Hamburg, Igel Verlag RWS 2015

Buch-ISBN: 978-3-95485-309-0
PDF-eBook-ISBN: 978-3-95485-809-5
Druck/Herstellung: Igel Verlag RWS, Hamburg, 2015

Bibliografische Information der Deutschen Nationalbibliothek:
Die Deutsche Nationalbibliothek verzeichnet diese Publikation in der Deutschen Nationalbibliografie; detaillierte bibliografische Daten sind im Internet über http://dnb.d-nb.de abrufbar.

© Igel Verlag RWS, Imprint der Diplomica Verlag GmbH
Hermannstal 119k, 22119 Hamburg
http://www.diplomica.de, Hamburg 2015
Printed in Germany

Inhaltsverzeichnis

Abbildungsverzeichnis

Abkürzungsverzeichnis

BGH	Bundesgerichtshof
bspw.	beispielsweise
bzw.	beziehungsweise
Code pénal	Strafrecht (Frankreich)
DIIR	Deutsches Institut für Interne Revision e.V.
Dipl. Kffr.	Diplom Kauffrau
Dipl. Kfm.	Diplom Kaufmann
Dr. sc. pol.	Doktor der Staatswissenschaften
e. V.	eingetragener Verein
EFPIA	European Federation of Pharmaceutical Industries and Associations
F & E	Forschung und Entwicklung
FAQ	Frequently Asked Questions
FSA	Freiwillige Selbstkontrolle für die Arzneimittelindustrie
ggf.	gegebenenfalls
HCO	Health Care Organisation
HCP	Health Care Professional
Hrsg.	Herausgeber
KPI	Key Performance Indicator
KRI	Key Risk Indicator
LOI	Gesetz Frankreich
o. J.	ohne Jahr
o. V.	ohne Verfasser
PwC	PricewaterhouseCoopers AG Wirtschaftsprüfungsgesellschaft
Rn.	Randnummer
S.	Seite
sog.	sogenannt
Sp.	Spalte
u. a.	unter anderem
Univ.-Prof.	Universitätsprofessor
USD	US Dollar
v.	von
vgl.	vergleiche
z. B.	zum Beispiel
z. T.	zum Teil

1   Problemstellung und Leitfragen

Jahrelang beeinflusst eine Mitarbeiterin eines Pharmaunternehmens das Verschreibungsverhalten von Vertragsärzten zugunsten des Vertriebes eigener Produkte. Ein Prämiensystem sah vor, dem Arzt 5% des Herstellerabgabepreises zu gewähren und als eine fiktive Zuwendung für wissenschaftliche Beratungsleistung auszuweisen, wenn sich dieser als Gegenleistung dazu entschied, die Produkte des Arzneimittelherstellers bevorzugt zu verordnen. In insgesamt 16 Fällen ergab sich ein Gesamtbetrag von ca. 18.000 Euro, der als Vorteilsnahme durch die Ärzte angenommen wurde. Durch eine Gesetzeslücke wurde dieser Sachverhalt zwar unter dem Tatbestand der Bestechung geahndet, der Fall konnte aber für keine der Parteien unter Straftatbestand gestellt werden.[1] Demnach machen sich weder Ärzte bei Annahme von Provisionen strafbar, noch sind Pharmaunternehmen durch die Offerte von Geldern der Bestechung schuldig.

Solche und weitere Fälle unlauterer Beeinflussung erwecken in der Gesellschaft kein gutes Gefühl und erzeugen neben Misstrauen und Unsicherheit bezüglich der Unabhängigkeit ärztlicher Entscheidungen und Integrität der Pharmaunternehmen gleichfalls Forderungen nach mehr Transparenz und Offenlegung aller Zahlungsflüsse.[2] Infolgedessen entfachte die Bekämpfung von korruptivem Verhalten im Gesundheitswesen auch in der Politik weitreichende Diskussionen, die den Gesetzgeber in der Pflicht sehen, das Strafgesetz entsprechend zu überarbeiten.[3] Aufgrund der bestehenden Korruptionsrisiken, vor allem aber getrieben durch das Urteil im obigen Fall, befürchten Pharmaunternehmen nicht nur einen erheblichen Reputationsverlust, sondern auch einen nicht ausreichend rechtlichen Schutz zur Bekämpfung der Machenschaften „schwarzer Schafe" und zur Unterstützung des eigenen Verhaltenskodex. Um Korruptionsrisiken effektiv vorzubeugen und das Vertrauen der Öffentlichkeit zu verbessern, plädieren sie daher für ein aktives Vorgehen gegen kriminelle Handlungsweisen im Gesundheitswesen und Aufklärung der Gesellschaft.[4]

Der sog. EFPIA-Kodex („EFPIA Code on Disclosure of Transfer of Value from Pharmaceutical Companies to Healthcare Professionals and Healthcare Organisations") des europäischen Dachverbandes der nationalen Verbände forschender Pharmaunternehmen (European Federation of

---

[1] Vgl. BGH (2012), S. 2 ff.
[2] Vgl. Hostettler, O. (2012).
[3] Vgl. Deutscher Bundestag (2013a); (2013b).
[4] Vgl. PwC (2013), S. 12 ff.

Pharmaceutical Industries and Associations), kurz „EFPIA", ist eine der untergesetzlichen Normen, die seither durch Eigeninitiative in der Ärzteschaft und der Pharmabranche vorangetrieben werden, um integres Verhalten in den Mittelpunkt zu stellen und die Verantwortung dafür zu verdeutlichen. Mit diesem Kodex in Form eines umfassenden Regelwerkes zur Herstellung von Transparenz entschließen sich alle EFPIA-Mitglieder dazu, alle Zahlungen und Zuwendungen aus ihren Geschäftsbeziehungen mit Fachkreisangehörigen und Organisationen des Gesundheitswesens detailliert zu veröffentlichen und der Gesellschaft frei zugänglich zu machen.

Die folgende Arbeit befasst sich vor diesem Hintergrund mit der Thematik, welche Auswirkungen dieser Kodex auf die betroffenen Pharmaunternehmen hat, welche spezifischen Anforderungen an die Unternehmensführungen gestellt werden und wie den Kodex-Regelungen zur Umsetzung begegnet werden kann, um eine größtmögliche Transparenz zu schaffen. Dazu wird im Folgenden ein möglicher Beitrag durch das Controlling betrachtet und eine kritische Analyse vorgenommen, inwieweit die Implementierung eines Controllingsystems die lückenlose Einhaltung aller Bestimmungen des Kodex unterstützend sicherstellen kann.

Dazu dienen folgende Leitfragen:

Frage 1: Inwiefern ist das Controlling dazu befähigt, die Einhaltung der Regelungen des EFPIA-Kodex sicherzustellen?

Frage 2: Welche Aufgaben und Funktionen sollte ein Controllingsystem zur Sicherstellung der Einhaltung der Regelungen erfüllen?

Frage 3: Inwiefern wird dadurch das Ziel erreicht, Transparenz für Geschäftsbeziehungen der Pharmabranche mit Angehörigen des Gesundheitswesens herzustellen?

Dazu nimmt das sich anschließende *Kapitel 2* Bezug auf die Aktualität der Problemstellung und schafft notwendige Grundlagen, die das hier behandelte Problemfeld weiter abstecken. Hier werden zum einen die Hintergründe der aktuellen Debatte um Korruption und Transparenz in der pharmazeutischen Industrie und praktizierte Lösungsansätze in Form von Gesetzen oder Selbstregulativen aufgezeigt. Zum anderen steht die detaillierte Darstellung der Inhalte und Anforderungen des EFPIA-Kodex als ein freiwillig verpflichtendes Selbstregulativ der Pharmaindustrie in Europa im Mittelpunkt. *Kapitel 3* befasst sich mit den theoretischen Grundlagen des Controlling-Begriffes und des Controllingsystems, um

Leitfrage 1 beantworten und im weiteren Verlauf analysieren zu können, inwiefern Controllingfunktionen dabei unterstützen können, die Einhaltung der Kodex-Regelungen sicherzustellen. Diese Analyse findet in *Kapitel 4* statt. Hier wird mit Fokus auf Leitfrage 2 erörtert, welche Erfordernisse sich aus den Anforderungen des EFPIA-Kodex ergeben und welche Relevanz das Controlling bei der Sicherstellung der Regeleinhaltung besitzt. Dabei wird kritisch hinterfragt, ob und unter welchen Bedingungen ein Controllingsystem eine effektive Sicherstellungsfunktion leisten kann. Abschließend wird in *Kapitel 5* ein Fazit der vorangegangenen Ausführungen gezogen und der Bezug zur einleitenden Problemstellung hergestellt, wobei ebenfalls über die Leitfrage 3 ein Ausblick gegeben wird.

Der EFPIA-Kodex ist ein holistischer Ansatz, um europaweit die Herstellung von Transparenz und Vertrauen sowie die Bekämpfung von Korruption voranzutreiben. Die Implikation ist eine Adaption der Regelungen des EFPIA-Kodex durch die Mitgliedsunternehmen auf nationaler Ebene an die lokal herrschenden Gesetzgebungen. In den folgenden Ausführungen wird die Perspektive aus Deutschland eingenommen.

2 Hintergründe zum EFPIA-Kodex

2.1 *Pharmazeutische Unternehmen zwischen Korruptionsvorwürfen, Transparenz und Vertrauen*

Die Zusammenarbeit der pharmazeutischen Industrie mit Vertretern aus Fachkreisen (z. B. Ärzte und Apotheker) und Organisationen (z. B. Kliniken und Krankenkassen) des Gesundheitssystems ist essentiell für medizinische Forschungs- und Entwicklungstätigkeiten, um die Versorgung von Patienten mit Arzneimitteln entscheidend zu verbessern. Die Kooperationspartner ergänzen sich durch ihre einzelnen Potentiale gegenseitig, indem den medizinischen Fachkräften und Organisationen die fehlenden Mittel für Forschung und Entwicklung zur Verfügung gestellt werden und die Industrie vom dem Fachwissen und den notwendigen Forschungseinrichtungen profitiert. Durch die Tatsache, dass einerseits die pharmazeutische Industrie nicht über die entsprechend notwendigen Einrichtungen und das fachspezifische Wissen verfügt, andererseits den medizinischen Einrichtungen und Fachspezialisten oftmals ausreichend notwendige Mittel fehlen, wird in diesem Zusammenhang sektorenübergreifend die Kooperation zwischen Industrie, medizinischen Einrichtungen und deren Mitarbeitern nicht nur rechtlich als notwendig erachtet, sondern auch forschungs- und gesundheitspolitisch gewollt.[5] Dabei steht der Austausch von Fachwissen und medizinischen Sichtweisen im Zentrum des Interesses beider Parteien.[6] Effektive Kooperationen helfen „das volle medizinische und wirtschaftliche Potential von Medikamenten tatsächlich zu verwirklichen"[7] und sollten allein im Interesse des Patientenwohls sowie unter einer angemessenen marktüblichen Vergütung erbrachter Leistungen stattfinden.[8]

Allerdings geraten solche als notwendig erachteten Kooperationen zunehmend in Diskussionen um mangelnde Integrität der Beteiligten.[9] Hierbei werden in erster Linie die Art und Weise sowie die Höhe der Vergütungen an die Leistungsträger im Rahmen dieser Kooperationen bzw. an die Fachkreisangehörigen und Organisationen des Gesundheitswesens wie Ärzte oder Kliniken bemängelt. Durch das Aufkommen von weltweiten Korruptionsfällen im Zuge dieser Form von Zusammenarbeit werden Vorwürfe zur Bestechlichkeit von Ärzten sowie Profitgier und Intransparenz der pharmazeutischen Industrie stetig lauter.[10] Pharmafirmen würden sich z. B. überteuerte Marketingmaßnahmen (wie Sponsorings von medizinischen Veranstaltungen oder Ärztefortbildungen) leisten, um den Vertrieb ihrer Arzneimittel anzukurbeln. Ärzte wiederum würden dies schamlos ausnutzen, indem sie als Gegenleistung eine vermehrte Verschreibung entsprechender Medikamente tätigen und sich darüber etwas dazu verdienen.[11]

Eine Studie der PricewaterhouseCoopers AG Wirtschaftsprüfungsgesellschaft (PwC) ergab, dass sich die Pharmaindustrie aufgrund der Natur der Geschäftsbeziehungen tatsächlich einem erhöhten Korruptionsrisiko ausgesetzt sieht, insbesondere auch vor dem Hintergrund des oben erwähnten Urteils durch den Bundesgerichtshof.[12] Das öffentliche Gesundheitswesen sei intransparent und komplex, lautet der Vorwurf des Vereins „Transparency International", der sich weltweit für die nachhaltige Bekämpfung von Korruption, mehr Transparenz und Integrität in einem Fächer aus diversen Branchen einsetzt.[13] Der Verein fungiert u. a. als Treiber der Diskussion um Korruption im Gesundheitswesen und veröffentlicht dazu zahlreiche Dokumente und Studien auf seiner Internetseite. Zusammenfassend

---

[5] Vgl. Arbeitsgemeinschaft der Wissenschaftlichen Medizinischen Fachgesellschaften et al. (2000), S. 5.
[6] Vgl. Freiwillige Selbstkontrolle für die Arzneimittelindustrie e. V. (2013), S. 6.
[7] Umbach (2014), S. 539.
[8] Vgl. ebenda.
[9] Vgl. o. V. (2013d), S. 21.
[10] Vgl. Hontschik, B./Walter, C./Kobylinski, A. (2011), Healy, D. (2012), Goldacre, B. (2012)
[11] Vgl. Hostettler, O. (2012), S. 20 ff.
[12] Vgl. PwC (2013), S. 12 f.; zum Urteil vgl. BGH (2012).
[13] Vgl. Transparency International - Deutschland e.V. (o. J.).

stellt Abb. 1 die Zusammenarbeit zwischen den genannten Kooperations-partnern dar und zeigt die schwerwiegendsten Vorwürfe auf:

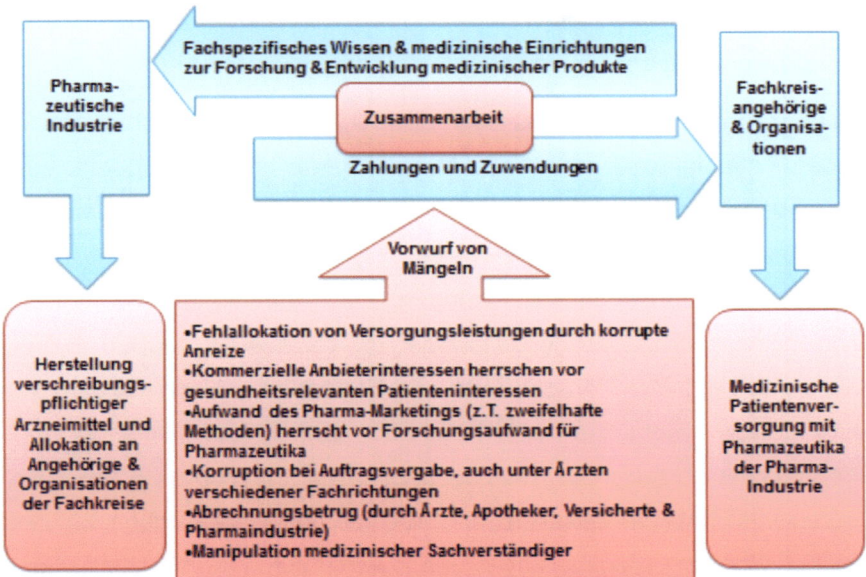

Abb. 1: Kritik an der Zusammenarbeit der pharmazeutischen Industrie mit Ange-hörigen und Organisationen der Fachkreise[14]

Allgemein erfahren Transparenzansprüche im Bereich des wirtschaftli-chen Agierens in vielerlei Hinsicht einen enormen Aufschwung.[15] Dabei lassen sich die verschiedenen Perspektiven stets auf das Erfordernis und Verlangen verschiedener Anspruchsgruppen zur Deckung spezieller Infor-mationenbedarfe zu unternehmerischen Vorgängen zurückführen. Aus dem Blickwinkel guter Corporate Governance bezwecken insbesondere rechtli-che Pflichten zur Bereitstellung umfangreicher Informationen und Berichte eine erhöhte Transparenz unternehmerischer Entscheidungen für einen Ausgleich von Informationsasymmetrien zwischen Unternehmen und ihren Stakeholdern.[16] Unter dem Schirm von Corporate Social Responsability sind Unternehmen ebenfalls dazu angehalten Transparenz und Rechen-schaft über Beiträge zu gewissen Themen freiwilliger gesellschaftlicher Verantwortung abzulegen.[17] Dem Compliance-Bereich einer Unternehmung kommt in diesem Rahmen die Funktion zu, erwachsende externe wie inter-

---

[14] Eigene Darstellung, Mängel in Anlehnung an Transparency International - Deutschland e.V. (o. J.).

[15] Vgl. Klenk, V. (2009), S. 25 f.

[16] Vgl. Bergmoser, U. / Theusinger, I. / Gushurst, K.-P- (2008), S. 2.

[17] Vgl. Stibbe, R. / Voigtländer, M. (2013), S. 9 ff.

ne Regelungen, z. B. in Form von Kodizes, organisatorisch zu verankern und deren Einhaltung zu gewährleisten.[18]

2.2 Gesetzliche und regulatorische Transparenzmaßnahmen in der pharmazeutischen Industrie

Mit dem Ziel, das Vertrauen der Öffentlichkeit wieder aufzubauen, die für das Patientenwohl zwingende Notwendigkeit dieser Kooperationsformen zu verdeutlichen und die gravierenden Schäden aus den bestehenden Korruptionsrisiken, wie beispielsweise Reputationsverluste oder Beeinträchtigung von Geschäftsbeziehungen[19], zu vermeiden bzw. korrupte Handlungsweisen im Gesundheitswesen zu eliminieren, werden weltweit Maßnahmen ergriffen.[20] In den USA und Frankreich werden mit dem sog. „US Physicians Sunshine Act"[21] bzw. dem sog. „French Sunshine Act"[22] flächendeckende, nationale Gesetzgebungen zur Durchsetzung von Transparenzverpflichtungen erlassen, die von der pharmazeutischen Industrie eine Aufzeichnung aller Zahlungen und Zuwendungen an Ärzte und andere medizinische Kreise sowie das jährliche Berichten an entsprechende Behörden fordern, mit dem Ziel, diese Geschäftsbeziehungen der Öffentlichkeit transparent und verständlich zugänglich zu machen. Demnach kann sich in den USA kein Hersteller von Pharmazeutika oder medizinischen Geräten, in Frankreich kein pharmazeutisches Unternehmen der Offenlegung von Zahlungen und Begünstigungen an Fachkräfte im Gesundheitswesen entziehen.[23] Bei inkongruentem Verhalten setzen sich Unternehmen einem erheblichen Unterfangen von Geldstrafen aus und riskieren zusätzlich disziplinarische Sanktionen, strafrechtliche Verfolgung, Rufschädigung, ein Verbot der Teilnahme an öffentlichen Ausschreibungen, die Einstellung von Geschäftstätigkeiten und andere negative wirtschaftliche Konsequenzen. Per US Sunshine Act drohen bis zu einer Million US Dollar[24], in Frankreich bis zu einer Million Euro Geldstrafe pro Meldevorgang.[25]

In Deutschland und anderen europäischen Ländern ist diese Strenge noch nicht zu spüren. Hier verläuft die Entwicklung von Transparenzverpflichtungen in der Pharmabranche weitestgehend nicht auf Gesetzesebe-

---

[18] Vgl. Baumöl, U. (2009), S. 106.
[19] Vgl. PwC (2013), S. 15.
[20] Vgl. o. V. (2013b), S. 63.
[21] Vgl. The Patient Protection and Affordable Care Act (2010), S. 571 ff., SEC. 6002.
[22] Vgl. Izquierdo, J. Z. (2014), S. 41.
[23] Vgl. van Roomen, T. / /Bridge, D. (2013), S. 68 f.
[24] Vgl. The Patient Protection and Affordable Care Act (2010), S. 573, SEC. 1128G (b).
[25] Vgl. LOI n° 2011 - 2012 (2011), TITRE Ier, Chapitre III, Article 4, Art. L1454-5 mit Verweis auf Code pénal vom 01.10.2014, Partie législative, Livre Ier, Titre III, Chapitre Ier, Section 2, Sous Section I, Article 131-38.

ne, sondern setzt, getrieben durch die Pharmaindustrie selbst, eher auf eine freiwillige Selbstkontrolle durch die Unternehmen.[26] Um dem spürbar deutlicher werdenden Korruptionsrisiko in der Branche und den entsprechenden Transparenzerwartungen der Öffentlichkeit in Europa mit einem holistischen Ansatz zu begegnen, erlässt der europäische Dachverband der forschenden Pharmaunternehmen (EFPIA) mit den Vertretern aus der Industrie am 24.06.2013 den sog. EFPIA-Kodex.[27] Dieser Kodex entspricht einer freiwilligen Selbstkontrolle - keinem Gesetz - lehnt sich dabei aber stark an das Gesetz aus den USA, dem US Sunshine Act, als Vorbild an.[28]

Dem Selbstregulativ der pharmazeutischen Industrie kommt eine entscheidende Schlüsselrolle in der Generierung von Transparenz und einer Vertrauensbasis zu, indem es die detaillierte und kommentierte Offenlegung von Transaktionsdaten aus den Kooperationen bestimmt und auf diesem Wege das Bewusstsein für integre Verhaltensweisen fördert. Der EFPIA-Kodex ist ein Instrument, in dessen Zentrum die Verdeutlichung unternehmerischer Entscheidungen und die Notwendigkeit von Kooperationen gegenüber den Stakeholdern (vgl. Abb. 2) steht, um das Verantwortungsbewusstsein für Integrität aufzuzeigen und Vertrauen zu gewinnen. Demnach sind ab 01. Januar 2015 jährlich **alle im Zusammenhang mit rezeptpflichtigen Arzneimitteln stehenden direkten und indirekten Zahlungen und Zuwendungen an Angehörige der Fachkreise (sog. Health Care Professionals bzw. „HCPs") oder Institutionen, Vereinigungen und Organisationen (sog. Health Care Organisations bzw. „HCOs")** bis ins Detail, möglichst auf individueller Ebene, zu dokumentieren und initial zum 30. Juni 2016 für das Jahr 2015 offenzulegen. Methodische Hinweise dienen dabei der Erläuterung von Erfassung und Bewertung der Transaktionen. Alle Mitglieder der EFPIA, darunter fallen 33 nationale Verbände sowie 40 forschende Pharmaunternehmen, verpflichteten sich freiwillig dazu, die enthaltenen Mindeststandards rechtzeitig auf nationaler Ebene zu adaptieren, wobei die jeweils lokal geltenden Rechts- und Gesetzesbestimmungen vorrangig zu behandeln sind, sollten diese striktere Anforderungen stellen.[29]

---

[26] Vgl. Reh, T. / Willhöft, C. (2014), S. 60.
[27] Vgl. EFPIA (2013a).
[28] Vgl. o. V. (2013a), S. 26.
[29] Vgl. EFPIA (2013a), S. 3 f.

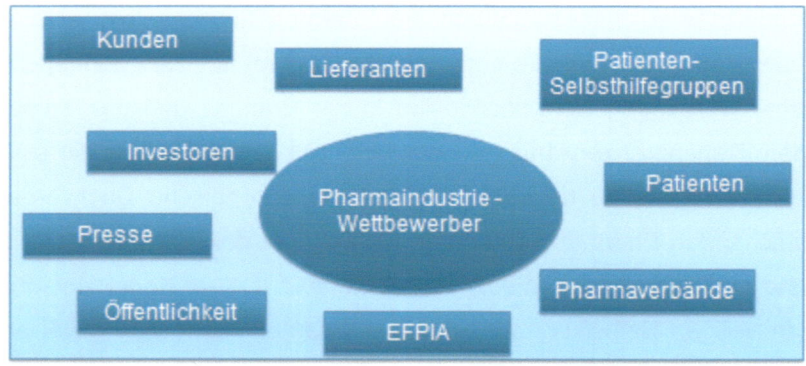

Abb. 2: Stakeholder der pharmazeutischen Industrie[30]

In Deutschland ist der Verein „Freiwillige Selbstkontrolle für die Arzneimittelindustrie" (FSA) dazu berufen, die Regelungen des EFPIA-Kodex für seine Mitglieder auf nationale Gegebenheiten zu adaptieren und geltend zu machen. Der FSA ist ein Verein forschender Pharmaunternehmen, der „die korrekte Zusammenarbeit von pharmazeutischen Unternehmen mit Ärzten, Apothekern und weiteren Angehörigen der medizinischen Fachkreise" überwacht.[31] Mit seinem Beschluss vom 27. November 2013, die Regelungen des EFPIA-Kodex eins zu eins zu übernehmen, wollen auch seine Mitglieder der Öffentlichkeit eingehend darlegen, dass die Zusammenarbeit zwischen der Industrie und HCPs bzw. HCOs nach integren Entscheidungen und Handlungsweisen stattfindet.[32]

Allerdings sind die betroffenen Unternehmen mit der Art und Weise der exakten Umsetzung in die Praxis zur Einhaltung der Regelungen allein gelassen. Der Kodex beinhaltet das „Was", liefert aber zum „Wie", mit welchen betriebswirtschaftlichen Mitteln und Instrumenten, keine Ausführungen. Im europäischen wie auch im deutschen Transparenzkodex wird zudem die Aufgabe, die entsprechende Methodik der Erfassung und Offenlegung der Daten zu erläutern, explizit an die jeweiligen Unternehmen übertragen.[33]

Abschließend sind in Abb. 3 die Kernelemente der Gesetze in den USA und Frankreich sowie des Selbstregulativs als Engagement auf europäischer Ebene für mehr Transparenz in der pharmazeutischen Branche im Überblick zusammengestellt.

---

[30] In Anlehnung an Herzog, H. (2009a), S. 30.
[31] Vgl. o. V. (2013e), S. 20.
[32] Vgl. o. V. (2013d), S. 21.
[33] Vgl. EFPIA (2013a), S. 8, Article 3, Section 3.05; Freiwillige Selbstkontrolle für die Arzneimittelindustrie e. V. (2013), S. 14, §13 (2) & (3).

	US Sunshine Act	French Sunshine Act	EFPIA-Kodex
Betroffene Hersteller von	• rezeptpflichtigen Pharmazeutika • Biologika • Generika • Medizinischen Hilfsmitteln	• rezeptpflichtigen Pharmazeutika • Biologika • Generika • Medizinischen Hilfsmitteln • Kosmetika	• rezeptpflichtigen Pharmazeutika
Betroffene Zuwendungsempfänger	• Ärzte • Lehrkrankenhäuser • Forschungseinrichtungen	• Ärzte • Lehrkrankenhäuser • Forschungseinrichtungen • weitere sog. HCPs (Health Care Provider) wie z. B. Arzthelfer u.a. Erbringer von Leistungen im Gesundheitswesen • Vereinigungen / Organisationen bestehend aus den breit definierten HCPs	• Ärzte • Lehrkrankenhäuser • Forschungseinrichtungen • weitere sog. HCPs (Health Care Professionals) wie z. B. Angehörige medizinischer Berufe • weitere sog. HCOs (Health Care Organisations) wie z. B. Vereinigungen / Organisationen bestehend aus HCPs
Relevante offenzulegende Zahlungen & Zuwendungen für	• Beratungs- & Dienstleistungen • Honorare • Geschenke, Unterhaltung, Bewirtung • Fortbildungen inkl. Reisekosten & Gebühren • F & E • Beteiligungen der Empfänger an den Unternehmen • ab 10 USD	• Beratungs- & Dienstleistungen • Bewirtung • Fortbildungen inkl. Reisekosten & Gebühren • F & E • ab 10 Euro	• Beratungs- & Dienstleistungen • Honorare • Bewirtung • Fortbildungen inkl. Reisekosten & Gebühren • F & E • Spenden • ab 1 Euro
Sanktionen bei Nichteinhaltung	• willentliche Pflichtverletzung: bis zu 1 Mio. USD • Ahndung von Gesetzesbruch	• bis zu 1 Mio. Euro pro Meldevorgang • Ahndung von Gesetzesbruch	• Definition durch die jeweiligen Landesverbände • z. B. in Deutschland per FSA je bis zu 400.000 Euro Ordnungsgeld und Geldstrafe an gemeinnützige Einrichtungen

Abb. 3: Kernelemente ausgewählter Transparenzinitiativen[34]

2.3 Die Regelungen des EFPIA-Kodex im Detail

Der EFPIA-Kodex besteht aus einem umfassenden Regelwerk, welches seine Anwendung, seinen Geltungsbereich sowie die Offenlegung geldwerter Zuwendungen an Empfängergruppen des Gesundheitswesens konkretisiert und sich in einer vorgegebenen Struktur in Form eines Templates widerspiegelt (vgl. Abb. 4).

---

[34] In Anlehnung an The Patient Protection and Affordable Care Act (2010), S. 571 ff.; LOI n° 2011 - 2012 (2011); EFPIA (2013a).

SCHEDULE 2 - TEMPLATE

Date of publication: ....

	Full Name	Country of Principal Practice	Principal Practice Address	Unique country identifier OPTIONAL	Donations and Grants to HCOs (Art 3.01.1.a)	Contribution to costs of Events (Art 3.01.1.b & 3.01.2.a)			Fee for service and consultancy (Art 3.01.1.c & 3.01.2.c)		TOTAL OPTIONAL
	HCPs: City of Principal Practice **HCOs:** city where registered					Sponsorship agreements with HCOs / third parties appointed by HCOs to manage an Event	Registration Fees	Travel & Accommodation	Fees	Related expenses agreed in the fee for service or consultancy contract, including travel & accommodation relevant to the contract	
	(Art 1.01)	(Schedule 1)	(Art 3)	(Art 3)							
HCPs	*INDIVIDUAL NAMED DISCLOSURE - one line per HCP (i.e. all transfers of value for an individual HCP will be summed up: itemization should be available for the individual Recipient or public authorities' consultation only, as appropriate)*										
	Dr A				N/A	N/A	*Yearly amount*	*Yearly amount*	*Yearly amount*	*Yearly amount*	*Optional*
	Dr B				N/A	N/A	*Yearly amount*	*Yearly amount*	*Yearly amount*	*Yearly amount*	*Optional*
	etc.				N/A	N/A	*Yearly amount*	*Yearly amount*	*Yearly amount*	*Yearly amount*	N/A
	OTHER, NOT INCLUDED ABOVE - where information cannot be disclosed on an individual basis for legal reasons										
	Aggregate amount attributable to transfers of value to such Recipients - Art 3.02				N/A	N/A	*Aggregate HCPs*	*Aggregate HCPs*	*Aggregate HCPs*	*Aggregate HCPs*	*Aggregate HCPs*
	Number of Recipients in aggregate disclosure - Art 3.02				N/A	N/A	*number*	*number*	*number*	*number*	*number*
	% of the number of Recipients included in the aggregate disclosure in the total number of Recipients disclosed - Art 3.02				N/A	N/A	%	%	%	%	%
HCOs	*INDIVIDUAL NAMED DISCLOSURE - one line per HCO (i.e. all transfers of value for an individual HCO will be summed up: itemization should be available for the individual Recipient or public authorities' consultation only, as appropriate)*										
	HCO 1				*Yearly amount*	*Yearly amount*	*Yearly amount*	*Yearly amount*	*Yearly amount*	*Yearly amount*	*Optional*
	HCO 2				*Yearly amount*	*Yearly amount*	*Yearly amount*	*Yearly amount*	*Yearly amount*	*Yearly amount*	*Optional*
	etc.				*Yearly amount*	*Yearly amount*	*Yearly amount*	*Yearly amount*	*Yearly amount*	*Yearly amount*	N/A
	OTHER, NOT INCLUDED ABOVE - where information cannot be disclosed on an individual basis for legal reasons										
	Aggregate amount attributable to transfers of value to such Recipients - Art 3.02				*Aggregate HCOs*	*Aggregate HCOs*	*Aggregate HCOs*	*Aggregate HCOs*	*Aggregate HCOs*	*Aggregate HCOs*	*Aggregate HCOs*
	Number of Recipients in aggregate disclosure - Art 3.02				*number*	*number*	*number*	*number*	*number*	*number*	*number*
	% of the number of Recipients included in the aggregate disclosure in the total number of Recipients disclosed - Art 3.02				%	%	%	%	%	%	%

AGGREGATE DISCLOSURE

		TOTAL AMOUNT OPTIONAL
R & D	Transfers of Value re Research & Development as defined - *Article 3.04 and Schedule 1*	*OPTIONAL*

Abb. 4: Mustervorlage zur Datenerfassung nach dem EFPIA-Kodex[35]

---

[35] Vgl. EFPIA (2013a), S. 6, Section 2.03; S. 13; EFPIA (2013b).

Für die Offenlegungspflicht gilt allgemein der Tatbestand eines Zusammenhangs der Kooperation mit **verschreibungspflichtigen Arzneimitteln**. Alle Zuwendungsflüsse außerhalb dieses Tatbestandes finden unter diesem Kodex keine Anwendung. Ebenso sind nur solche Transaktionen zu berücksichtigen, die Empfänger mit **Niederlassung im Land des offenlegungspflichtigen Pharmaunternehmens** begünstigen. Werden bspw. deutsche Ärzte durch Unternehmen aus Frankreich vergütet, ist eine Ausweisung dieser Transaktion in Deutschland notwendig vice versa. Im Detail sind solche vermögenswerten Zuwendungen zu dokumentieren und offenzulegen, die unmittelbar den Empfängern zu Gute kommen (direkte Zuwendungen) und solche, die im Auftrag des Pharmaunternehmens durch Dritte wie externe Partner oder Agenturen an die Empfänger getätigt werden (indirekte Zuwendungen). Unter den Begriff der Zuwendungen fallen dabei alle an HCOs getätigten Spenden sowie Begünstigungen für beide Empfängergruppen aus in Zusammenhang mit Veranstaltungen stehenden Zuwendungen (z. B. Registrierungsgebühren oder Reisekosten), Vergütungen aus Dienstleistungs- und Beratungsverträgen (z. B. Honorare) oder geldwerten Leistungen für Forschung und Entwicklung (z. B. Durchführung klinischer Studien). Hierbei wird zwischen einer Offenlegung auf individueller oder aggregierter Ebene unterschieden. Grundsätzlich fordert der EFPIA-Kodex eine Veröffentlichung der Zuwendungen auf individueller Basis mit folgenden Angaben:

- eindeutige lokale Identifikationsnummer,

- vollständiger Name des HCPs oder HCOs,

- exakte Adresse, Ort und Land der geschäftlichen Niederlassung,

- den jährlichen Betrag je anwendbarer Zuwendungskategorie.

Sollte eine Ausweisung auf Individualebene nicht möglich sein, was im Kodex nur durch das Gewicht lokaler Gesetzgebungen als gerechtfertigt gilt (z. B. die Beachtung lokaler Rechts- und Gesetzesbestimmungen), sind Zuwendungen aggregiert dem Gesamtbetrag der jeweiligen Zahlungskategorie zuzurechnen und die Anzahl ihrer Empfänger der Gesamtzahl an Empfängern dieser Kategorie als prozentualer Anteil gegenüberzustellen. Neben diesen Kernbestandteilen des EFPIA-Kodex sind ebenso formale Aspekte zu berücksichtigen. Hierzu zählen insbesondere die Vorschrift einer jährlichen Publikation, die sich beginnend mit 2015 jeweils auf das Kalenderjahr bezieht und spätestens 6 Monate nach Ende des Berichtszeitraumes auf einer öffentlich zugänglichen Plattform des Unternehmens selbst oder eines zentralen Anbieters zu erfolgen hat. Als Orientierung für die Unternehmen dient das durch die EFPIA bereitgestellte Template, das einen strukturellen Rahmen der Publizierung und die dafür notwendigen Daten festlegt. Die folgende Abb. 5 fasst die Regelungen zusammen:

Abb. 5: Die Regelungen des EFPIA-Kodex[36]

Dem Punkt der Adaption des Kodex durch die Länder an nationale Gegebenheiten ist besondere Beachtung zu schenken. Lokale Gesetzgebungen sind kraft ihrer bindenden Norm in der Lage, einzelne Regeln des Ko-

---

[36] In Anlehnung an EFPIA (2013a).

dex anzuhebeln. Speziell in Deutschland ist der Datenschutz ein hohes Gut eines jeden Individuums, dessen Bedacht eine zwingende Voraussetzung bei der Anwendung des EFPIA-Kodex darstellt.[37] Durch methodische Hinweise bietet sich den Unternehmen die Möglichkeit, ihren Bericht durch Erläuterungen hinsichtlich angewandter Erfassungs- und Offenlegungspraktiken nach eigenem Ermessen zu ergänzen. Auf diesem Wege wird der Transparenz durch Veranschaulichung von Entstehung und Bewertung der Zuwendungen Nachdruck verliehen.

Aus den Darstellungen geht deutlich hervor, dass an die betroffen pharmazeutischen Unternehmen klare Anforderungen gestellt werden. Hierbei handelt es sich um (selbst-) regulative Vorgaben, die in Form eines Kodex in den Bereich der Compliance fallen.[38] Dabei geht es in erster Linie um die Einhaltung von Geboten, denen ein Unternehmen gegenübersteht, und die Frage, wie diese durch unternehmerische Maßnahmen sicherzustellen sind. Überdies können in diesem Zusammenhang mögliche Regelverstöße durch Mitarbeiter und Organe eines Unternehmens als wirtschaftliches Risiko verstanden werden, welchen durch eine präventive Unternehmensorganisation begegnet werden kann. Die Compliance mit den Anforderungen des EFPIA-Kodex bedarf daher eines geeigneten Risikomanagements und Risikocontrolling, um die Steuerung potentieller Risiken im Rahmen der Einhaltung aller Kodex-Regelungen zu gewährleisten.[39] Hierbei stellen z. B. die Missachtung des Datenschutzes oder eine Schädigung des HCP / HCO durch Veröffentlichung falscher Werte denkbare Risiken dar, deren Folgen gravierende wirtschaftliche Auswirkungen annehmen können.[40] In den folgenden Ausführungen werden die theoretischen Grundlagen des Controlling-Begriffes dargelegt und im Anschluss die Bedeutung in Form eines Controllingsystems vor dem Hintergrund der Einhaltung der EFPIA-Regelungen erarbeitet.

3 Controlling als Unterstützungsfunktion der Unternehmensführung

3.1 Der Begriff des Controlling

Controlling unterliegt bis heute weder begrifflich noch inhaltlich einem einheitlichen Verständnis.[41] Das Resultat aus Diskussionen um die Auffas-

---

[37] Vgl. Reh, T. / Willhöft, C. (2014), S. 65 f.
[38] Vgl. Dieners, P. / Lembeck, U. (2010), Kapitel 7A, Rn. 1.
[39] Vgl. Hauschka, C. E. (2010), Rn. 2 ff.
[40] Vgl. Schneider, H. / Kißling, Dipl.-Soz. K. (2012), S. 261.
[41] Vgl. Weber, J. / Schäffer, U. (2000), S. 110 ff.

sungen von Controlling mündet schließlich in eine Bandbreite von Definitionsversuchen, die sich ferner in folgender Aussage widerspiegeln: „In practice, people with the title of controller have functions that are, at one extreme, little more than bookkeeping and, at the other extreme, de facto general management."[42] (vgl. Abb. 6).

Verschiedene Definitionen des Controlling
„Controlling ist die zielbezogene Unterstützung von Führungsaufgaben, die der systemgestützten Informationsbeschaffung und Informationsverarbeitung zur Planerstellung, Koordination und Kontrolle dient; es ist eine rechnungswesen- und vorsystemgestützte Systematik zur Verbesserung der Entscheidungsqualität auf allen Führungsstufen der Unternehmung."[43]
„Controlling ist – funktional gesehen – dasjenige Subsystem der Führung, das Planung und Kontrolle sowie Informationsversorgung systembildend und systemkoppelnd ergebniszielorientiert koordiniert und so die Adaption und Koordination des Gesamtsystems unterstützt".[44]
„Controlling steht für die Sicherstellung von Rationalität der Unternehmensführung".[45]
„Controller leisten als Partner des Managements einen wesentlichen Beitrag zum nachhaltigen Erfolg der Organisation.", „Controlling ist Führungsarbeit. Es bedeutet vom Ziel her zu denken und alle Entscheidungen an ihren Erfolgswirkungen auszurichten."[46]

Abb. 6: Verschiedene Definitionen des Controlling-Begriffes

Die zahlreichen Sichtweisen spiegeln sich letztlich in diversen Controlling-Konzeptionen wider, um Zielstellung, Funktion und die praktische Umsetzung von Controlling abzubilden. Ausgehend vom Unternehmenssteuerungsprozess wird hierbei jeweils von spezifischen Problemstellungen der Führung ausgegangen (direkte Controllingziele), die bei der Ausübung ihrer Aufgaben und zur Erreichung von Unternehmenszielen unterstützender Tätigkeiten bedarf. Demgemäß werden dem Controlling entsprechende Aufgaben, Instrumente und institutionelle Strukturen zugesprochen, um für die zielorientierte Erfüllung und Ausrichtung der Führungsaufgaben zu sorgen. Die praktische Ausgestaltung in funktioneller, instrumenteller und institutioneller Hinsicht mündet in ein Controllingsystem.[47]

---

[42] Anthony, R. N. (1965), S. 28.
[43] Reichmann, T. (2006), S. 13.
[44] Horváth, P. (2011), S. 129.
[45] Weber, J. / Schäffer, U. (1999), S. 743.
[46] Losbichler, H. (2013), S. 69 f.
[47] Vgl. Friedl, B. (2003), S. 2 ff.

Differenziert man die Ansätze anhand der zugrunde gelegten Zielstellung, lassen sich die Konzeptionen wie folgt klassifizieren:[48]

- *Informationsorientierte Ansätze*

- *Koordinationsorientierte Ansätze*

- *Rationalitätsorientierte Ansätze*

Informationsorientierte Ansätze verstehen Controlling im Prinzip als Informationsversorgungsfunktion, die durch Ermittlung des konkreten Informationsbedarfs bei der Führung, der Informationsgewinnung, -aufbereitung und -verarbeitung über relevante unternehmerische Tatbestände informiert und die Qualität der Führungsentscheidungen sicherstellt.[49] Durch die Entwicklung abgestimmter Planungs- und Kontrollrechnungen, die vorwiegend aus dem Rechnungswesen speisen, ist die Unternehmenssteuerung ergebniszielorientiert auszurichten.[50] *Koordinationsorientierte Ansätze* sehen die zentrale Aufgabe des Controlling in der verstärkten Unterstützung der Führung bei Planungs-, Kontroll- und Informationsprozessen, um ihre Reaktions-, Antizipations- und Anpassungsfähigkeit sicherzustellen. Dazu sind für die Koordination betrieblicher Abläufe zum einen entsprechende Prozesse und Strukturen zu gestalten sowie zu organisieren und aufeinander abzustimmen. Zum anderen sind effektive Informationsstrukturen aufzubauen, stets auf die Planungs- und Kontrolltätigkeiten auszurichten und zu koordinieren.[51]

Durch die Kritik, vorliegende Ansätze würden inhaltliche Aspekte vernachlässigen und keine ausreichende Abbildung des praktischen Controllingfeldes beinhalten[52], lösen sich *rationalitätsorientierte Ansätze* von einer spezifischen Problem- und Aufgabenstellung für das Controlling und formulieren die Controllingfunktion allgemein als Sicherstellung von Rationalität der Führungshandlungen im Sinne einer effektiven Zweck-Mittel-Relation. Durch die Beachtung weitreichender Einflussfaktoren und eine rationale, kontextspezifische Ausrichtung aller Instrumente der Unternehmenssteuerung, sind Controllingtätigkeiten wesentlich umfassender und stärker in Planungs-, Kontroll-, Koordinations- und Informationsprozesse eingebunden, um negative Wirkungen auf die Zielerreichung zu vermeiden. Damit wird eine Klammer um bisherige Ansätze gezogen, die lediglich kontextab-

---

[48] Vgl. Friedl, B. (2003), S. 148 ff.
[49] Vgl. Reichmann, T. (2006), S. 4 ff.
[50] Vgl. Hahn, D. / Hungenberg, H. (2001), S. 265 ff.
[51] Vgl. Horváth, P. (2011), S. 3 ff.
[52] Vgl. Weber, J. / Schäffer, U. (2000), S. 110 ff.

hängige Ausprägungen von Defiziten in der Führungsrationalität darstellen und unterschiedliche Aspekte der Rationalitätssicherung durch das Controlling verlangen.[53]

Trotz der Verschiedenartigkeit, lassen sich zwei wesentliche Gemeinsamkeiten feststellen. Die Ausbildung der Controlling-Funktion, die letztlich im Übertragen gewisser Aufgaben an das Controlling besteht, geschieht stets mit Blick auf den Prozess der Unternehmenssteuerung. Das Controlling fungiert somit als Führungsunterstützung im Bereich von Planungs-, Kontroll- und Informationsprozessen. Daneben hat diese Unterstützungsfunktion stets an den Unternehmenszielen ausgerichtet zu erfolgen. Denn im Kern basieren alle Konzeptionen auf dem Gedanken, durch ihre praktische Ausgestaltung zu einem Controllingsystem die Aufgabenerfüllung der Unternehmensführung und auf diesem Wege die Erreichung der Unternehmensziele sicherzustellen.[54]

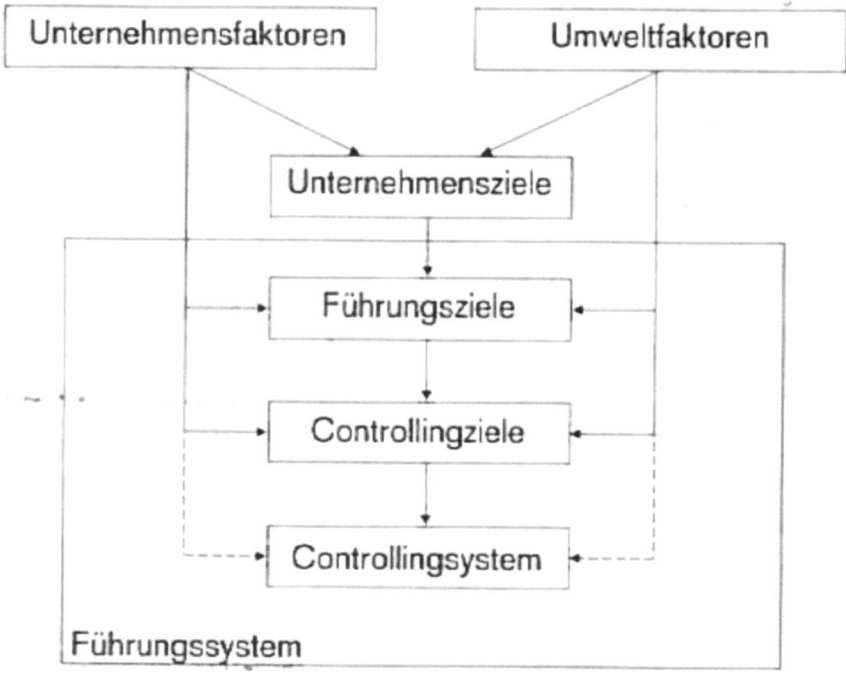

Abb. 7: Bezugsrahmen des Controllingsystems[55]

Die Unterschiede der einzelnen Controllingkonzeptionen entstehen hauptsächlich durch das Ausmaß der zugrunde gelegten Führungsunterstützung und der spezifischen Unternehmensziele, dessen Festlegung und Erreichung nach wie vor Aufgabe der Unternehmensführung ist (vgl. Abb.

[53] Vgl. Weber, J. / Schäffer, U. (1999), S. 731 ff.
[54] Vgl. Franz, K.-P. / Kajüter, P. (2002), S. 124 f.
[55] Entnommen aus Horváth & Partners (2003), S. 281.

7).[56] Während hierbei einige Konzeptionen spezielle Ziele wie z. B. Erfolgs- oder Finanzziele fokussieren[57], gehen neuere Ansätze auf keine bestimmte Art von Zielen als Bezugspunkt ein, sondern verstehen die Ausbildung von Controllingfunktion und Controllingsystem unter kontextspezifischen Bedingungen.[58] Unternehmen verfolgen häufig parallel neben Ergebniszielen auch solche Zielstellungen, die ebenso technischer, ökologischer oder sozialer Natur sein können.[59] Funktionelle, instrumentelle und institutionelle Gesichtspunkte der Führungsunterstützung durch das Controlling sind sodann in Abhängigkeit der sich daraus ergebenden spezifischen Führungs- und Controllingziele zu gestalten. Zwar stehen bewährte zur Problemlösung angewandte Methoden und Instrumente im Zentrum jeder Konzeption, die Betonung von Planung und Kontrolle, des Rechnungswesens oder des Gefüges eines Informationssystems differiert allerdings.[60] Somit sind im Controllingsystem neben der Controllingfunktion auch die Verwendung von Methoden und Instrumenten sowie das institutionelle Gefüge nicht von vornherein fixiert.

Controlling ist zudem kein starres Gefüge. Es hat in den letzten Jahren eine starke Entwicklung vollzogen, die sich aus dem internen Rechnungswesen heraus mit reiner Informationsversorgungsfunktion über eine Navigatorrolle mit Koordinations- und Steuerungscharakter in Planungs- und Kontrollprozessen hin zum Business Partner mit Beratungsfunktion entfaltete, wofür mitunter die Volatilität von Märkten sowie das Einwirken von zunehmend wirtschaftlichem oder sozialem Druck auf die Unternehmen verantwortlich sind. Infolgedessen sind auch interne Ansprüche an das Controlling gestiegen, was eine Ausweitung der Aufgabenfelder sowie eingesetzter Methoden und Instrumente mit sich zieht. Neben die Kernfunktion der Schaffung betrieblicher Transparenz durch entscheidungsrelevante Methoden und Faktenwissen treten Funktionen einer aktiven Mitwirkung, Beratung und Gestaltung in allen Entscheidungsfeldern der Planungs-, Kontroll-, Informations- und Koordinationsprozesse. Die Unternehmensführung erfährt dadurch entlang des Steuerungsprozesses eine Entlastung durch Übernahme gewisser Aufgaben, eine Ergänzung durch proaktives

---

[56] Vgl. Horváth, P. (2002), S. 51 ff.
[57] Vgl. Hahn, D. / Hungenberg, H. (2001); Horváth, P. (2011); Reichmann, T. (2006).
[58] Vgl. Weber, J. / Schäffer, U. (1999), S. 732 ff.
[59] Vgl. Amann, K. / Petzold, J. (2014), S. 44.
[60] Vgl. Küpper, H.-J. / Weber, J. / Zünd, A. (1990), S. 283; Günther, T. / Niepel, M. (2000), S. 230 ff.

Agieren in Entscheidungsfeldern oder Begrenzung durch Fokussierung von Führungsrationalität.[61]

Heute wird unter Controlling Methoden und Systemdienstleistung sowie ebenbürtige Partnerschaft mit der Unternehmensführung verstanden, indem es zum einen für weitestgehend rationalitätssichernde und zielorientierte Unterstützung der Unternehmenssteuerung sorgt und zum anderen die Gestaltung, Entwicklung und die Anwendung der Controllingsysteme gewährleistet. Für die notwendige betriebswirtschaftliche Transparenz sowie effektive Planungs-, Kontroll- und Koordinationsstrukturen sind jegliche Steuerungs- und Informationsinstrumente rational auszurichten, anzuwenden und untereinander abzustimmen.[62]

3.2 Die Bestandteile eines Controllingsystems

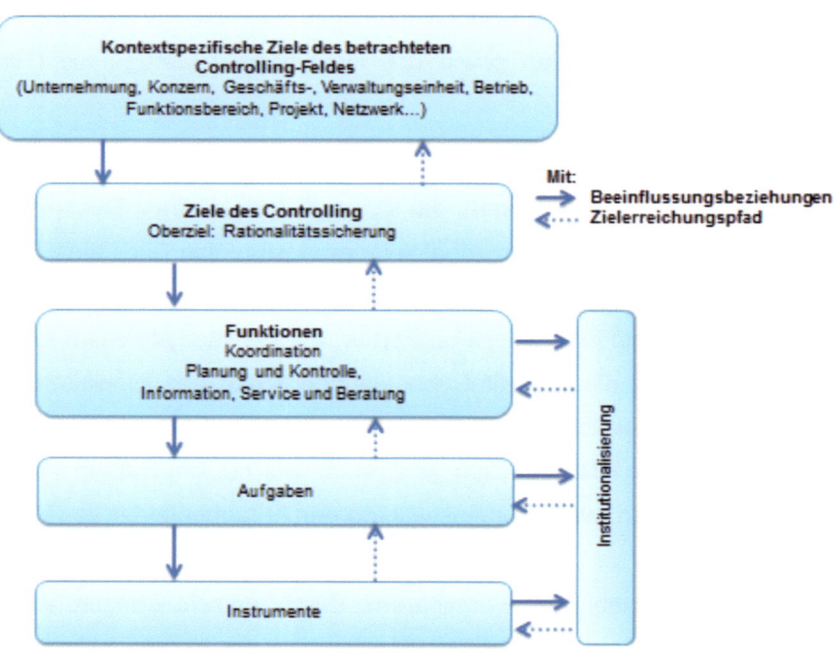

Abb. 8: Einflussfaktoren und Elemente eines Controllingsystems[63]

Erst die Definition und Abstimmung der Aufgaben, relevanter einsetzbarer Instrumente und organisatorischer Gesichtspunkte auf Basis der angestrebten Controllingfunktion gewährleisten ihre effektive Wahrnehmung über die Manifestierung zu einem Controllingsystem (vgl. Abb. 8).[64] Dabei ergeben sich die Aufgaben (=Controllingfunktion) aus den spezifischen Kontextbedingungen und Problemstellungen der Führung und können sich

---

[61] Vgl. Weber, J. / Schäffer, U. (2013), S. 25 ff.; S. 65 ff.
[62] Vgl. Losbichler, H. (2013), S. 72.
[63] Vgl. Beckmann, D. / Huch, B. (2002), S. 149.
[64] Vgl. Friedl, B. (2003), S. 4 f.

entlang des Steuerungsprozesses je nach Notwendigkeit auf Einzelfragen in der Planung, Kontrolle, Koordination und Transparenzschaffung oder das komplette Spektrum der Unternehmenssteuerung beziehen. Gleichzeitig sind dabei Perspektiven der Gestaltung oder Integration von Prozessen und Instrumenten oder deren Ausrichtung auf strategische und operative Aspekte möglich.[65]

Anlehnend an den Umfang potentieller Controlling-Aufgaben existieren in der Controllingliteratur ebenso vielfältige Klassifizierungen und erschöpfende Aufzählungen von (Controlling-)Instrumenten zur Aufgabenerfüllung.[66] Vorwiegend sind solche Einteilungen zu finden, die analog der Aufgaben im Steuerungsprozess strukturiert sind (vgl. Abb. 9).[67]

Abb. 9: Verschiedene Controllinginstrumente[68]

[65] Vgl. Horváth, P. (2011), S. 127 ff.; Amann, K. / Petzold, J. (2014), S. 40; Günther, T. / Niepel, M. (2000), S. 225 f.

[66] Vgl. Lingnau, V. / Koffler, U. (2012), S. 11 ff.; Ossadnik, W. / van Lengerich, E. / Barklage, D. (2010), S. 19; Horváth, P. (2011), S. 183 ff.; S 291 ff.; Küpper, H.-U. (2001), S. 24 ff.; Reichmann, T. (2006); Erichsen, J. (2001); Friedl, B. (2003), S. 123 ff.; Baier, P. (2008), S. 95 ff.

[67] Vgl. Huch, B. / Behme, W. / Ohlendorf, T. (2004), S. 249; Ossadnik, W. / van Lengerich, E. / Barklage, D. (2010), S. 85.

[68] In Anlehnung an Horváth (1993), Sp. 678 ff.

So vielfältig sich das Aufgabenspektrum des Controlling gestaltet, so vielfältig scheinen die in der Praxis eingesetzten Methoden und Instrumente zur Aufgabenerfüllung zu sein.[69] Nach wie vor steht dabei das Rechnungswesen für steuerungsrelevante Kalkulationen sowie das Berichtswesen für die Informationsversorgungsfunktion an oberster Stelle.[70] Da Einteilungen der Instrumente weder einheitlich, überschneidungsfrei noch unkritisch akzeptiert sind, wird zur Komplexitätsreduktion postuliert, dass Controllinginstrumente erst durch Anwendung vorhandener betriebswirtschaftlicher Instrumente und Methoden statt der Definition eines expliziten Controllinginstrumentariums zu solchen werden.[71]

Ebenso kontextabhängig sind Entscheidungen bezüglich aufbau- und ablauforganisatorischer Parameter des Controllingfeldes zu treffen. Sollten die Unternehmensführung oder bereits bestehende Abteilungen die Controllingtätigkeiten nicht selbst ausüben, sind gemäß der Arbeitsteilung spezielle Controllingstellen einzurichten und Aufgabenträger zur Umsetzung der Controllingfunktion zu bestimmen. Analog organisatorischer Differenzierung und Integration[72] sind anschließend Fragen bezüglich der hierarchischen Einordnung sowie Zuteilung von Kompetenzen und Aufgabenbereichen zu klären.[73]

Für die hierarchische Integration ist grundsätzlich über den Wirkungsort durch zentrale oder dezentrale Einbindung sowie die Einrichtung von Weisungsbefugnissen durch Stabs- oder Linieninstanzen zu entscheiden. Hierbei sind komplexe Gefüge aus fachlichen und disziplinarischen Unterstellungen, einerseits zwischen dem Zentral- und Bereichscontrolling, andererseits zwischen dem Controlling und seinen „Kunden" möglich, wodurch eine Entscheidung auf Basis der Zwecksetzung der Controllingstelle und unter Beachtung spezifischer Vor- und Nachteile gefällt werden sollte.[74]

Der Umfang zugewiesener Aufgabenbereiche bestimmt die Binnenstruktur der Controllingstelle. Zugeteilte Aufgabenbereiche unterliegen der selbstständigen Ausübung durch die Aufgabenträger der Controllingfunktion. Wird eine Separierung gewisser Funktionen vorgenommen, sind diese anschließend über koordinationsorientierte Maßnahmen zu integrieren.[75]

---

[69] Vgl. Eisl, C. / Höfler, R. / Hofer, P. / Losbichler, H. (2012), S. 87 ff.
[70] Vgl. Küpper, H.-J. / Weber, J. / Zünd, A. (1990), S. 283; Schwarzmaier, U. (2014), S. 22 ff.
[71] Vgl. Weber, J. / Schäffer, U. (2001), S. 5.
[72] Vgl. Schreyögg, G. (2012), S. 23 ff.
[73] Vgl. Horváth & Partners (2003), S. 259 ff.
[74] Vgl. Huch, B. / Behme, W. / Ohlendorf, T. (2004), S. 231 ff.
[75] Vgl. Littkemann, J. (2006), S. 23 ff.

4 Implikationen für ein Controllingsystem zur Sicherstellung der Einhaltung der Regelungen des EFPIA-Kodex

4.1 Die Relevanz des Controlling zur Sicherstellung der Regelkonformität

Die ethischen Ansprüche an Integrität in der pharmazeutischen Industrie und Dysfunktionen in der Zusammenarbeit mit medizinischen Fachkräften und Organisationen wirken über das unternehmensspezifische Wirkungsfeld auf die Unternehmen ein.[76] Die Erwartungen der Stakeholder an eine transparente Rechenschaftslegung über unternehmerische Handlungen erhöhen den Druck und zwingen die Unternehmen zur Reaktion.

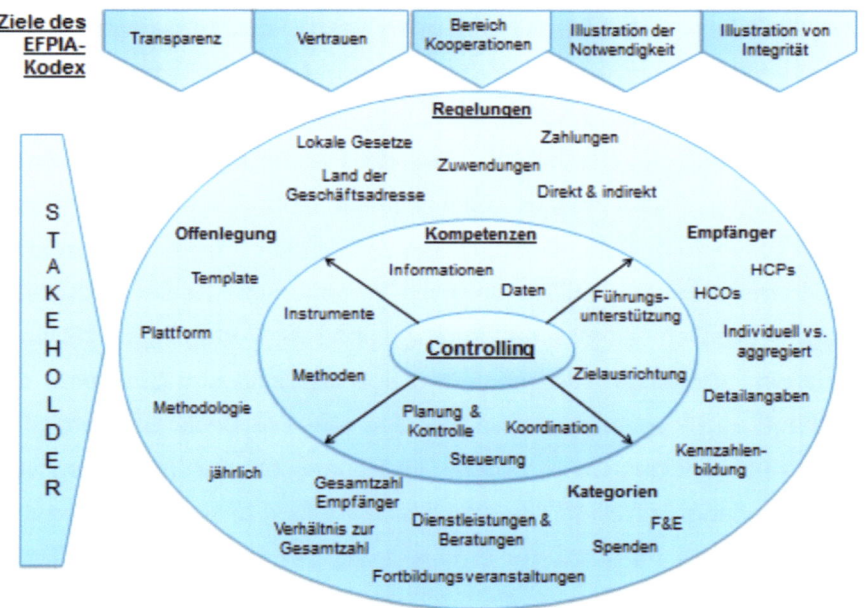

Abb. 10: Regelungen des EFPIA-Kodex und Verbindung zum Controlling

Aus der gegebenen Problemstellung heraus, Misstrauen und Reputationsrisiken abzubauen, Verantwortungsbewusstsein für Integrität und die Notwendigkeit für fachspezifischen Wissensaustausch den Stakeholdern verständlich zu vermitteln, verankern Unternehmen der pharmazeutischen Industrie den Transparenzgedanken in ihre Unternehmensziele. Mit dem EFPIA-Kodex ordnet sich die Pharmabranche dabei ein umfassendes Regelwerk an, das die steigenden Transparenzansprüche von Stakeholdern konkretisiert und alle damit verbundenen wirtschaftlichen Risiken abwehren soll. Mit Inkrafttreten der Regelungen wird folglich ihre Durchsetzung, Umsetzung und Einhaltung zur Angelegenheit der Unternehmensführungen

---

[76] Vgl. Herzog, H. (2009a), S. 29.

der Mitgliedsunternehmen. Damit diese auch kontinuierlich sichergestellt werden, müssen sie Eingang in die Unternehmenssteuerung finden.[77] Das Controlling hat im Bereich dieser Transparenzschaffung und folglich der Einhaltung der Kodex-Regelungen insofern Bedeutung, als dass es in diesem Rahmen sinnvoll erscheint, die steigenden Anforderungen an die Unternehmensführung über seine allgemeine Funktion der Führungsunterstützung und speziell der Informationsversorgung und Koordination mitwirkend zu bedienen.[78] Die Abb. 10 stellt schematisch den Zusammenhang dar, über welche potentiellen Wirkungsfaktoren ein entsprechendes Controllingsystem den Regelungen des EFPIA-Kodex begegnen kann.

Die Aufgabe der Unternehmensführungen besteht letztlich darin, die relevanten Daten vollständig und verlässlich nach definiertem Aggregationsgrad in verständlicher Art und Weise an externe Anspruchsgruppen offenzulegen. Das Template zeigt deutlich, wie vielschichtig und komplex sich die Ausweisung der Daten und somit die Herstellung der notwendigen Transparenz gestaltet. Hieraus ergibt sich eine erste Aufgabe, die umfangreichen Daten zu dokumentieren, in den dezentralen Erfassungsprozessen der Unternehmen zu identifizieren, nach Vorgaben des Kodex aufzubereiten und schließlich externen Anspruchsgruppen zur Verfügung zu stellen.[79] Hierfür sind allerdings unternehmensinterne Bereiche und Strukturen dahingehend abzuklopfen, inwiefern Sie eine effektive Basis zur Bereitstellung der notwendigen Daten bilden. Die Neuartigkeit der Informationsversorgung verlangt vor allem die eingehende Prüfung interner Systeme und Prozesse auf die Fähigkeit der Ermöglichung der Regeleinhaltung. Sollte dies nicht gegeben sein, sind die systemtechnischen Voraussetzungen zu schaffen und effektive Prozesse zu definieren. Dies betrifft insbesondere die Sicherstellung zuverlässiger Quellsysteme, in denen valide Empfängerdaten sowie die dezentralen Datenströme identifiziert, traktiert und nach den Kodex-Anforderungen aufbereitet werden. Ferner sind die Prozesse zielgerichtet zu koordinieren und unter dringender Beachtung der lokal geltenden Gesetze auszuführen.[80] Hiermit einhergehend ist die weitere Aufgabe der Zielausrichtung der internen Handlungen, Systeme und Prozesse, ihre kodex-adäquate Gestaltung sowie eine Verankerung in den Prozess der Unternehmenssteuerung.[81] Um diese Tatbestände der Informationsbe-

---

[77] Vgl. Amann, K. / Petzold, J. (2014), S. 3 ff.
[78] Vgl. Wagenhofer, A. (2010), S. 13.
[79] Vgl. Volz, M. (2011), S. 123.
[80] Vgl. Deloitte (2013), S. 4; S. 11ff.
[81] Vgl. Bergmoser, U. / Theusinger, I. / Gushurst, K.-P- (2008), S. 12 ff.

reitstellung und Koordination zu erfüllen, bedarf es der Unternehmensführung eines entsprechend effektiven Instrumentariums. Hier besteht ein potentieller Ansatzpunkt für ein Controllingsystem, an dem eine verstärkte Einbeziehung sinnvoll und notwendig erscheint. Das Controlling verfügt hierfür besonders mit dem notwendigen Know-how, der entsprechenden Informationsbasis, Instrumenten und Methoden über wertvolles Unterstützungspotential.

Der verantwortungsvolle Umgang mit Integrität im unternehmerischen Geschäft der pharmazeutischen Industrie und ihre Überwachung sind durch vielfache Initiativen und Regelungen sichergestellt.[82] Die Thematik einer transparenten Rechenschaftslegung bestimmter Transaktionen aus der Zusammenarbeit mit Partnern im Gesundheitswesen hingegen ist relativ aktuell und die konkrete Umsetzung der Kodex-Regelungen den Unternehmen selbst überlassen.[83] Dadurch können bisher nur Empfehlungen für die Operationalisierung in der betriebswirtschaftlichen Praxis und für die Zuweisung bestimmter betriebswirtschaftlicher Funktionen zur Aufgabenerfüllung geäußert werden.[84] Die Kernfunktionen der Führungsunterstützung durch Koordination und Informationsversorgung bieten diesbezüglich vornehmliche Anknüpfungspunkte und qualifizieren das Controlling mithin zum einen als wertvollen Lieferanten der notwendigen Daten und zum anderen als Begleiter der Regeleinhaltung durch Einbettung in einen zielorientierten Steuerungsprozess (vgl. Abb. 11).[85]

Abb. 11: Potentielle Funktionen des Controlling zur Sicherstellung der Einhaltung der Kodex-Regelungen

---

[82] Vgl. Freiwillige Selbstkontrolle für die Arzneimittelindustrie e. V. (o. J.).
[83] Vgl. EFPIA (2013a), S. 3; S. 5.
[84] Vgl. Deloitte (2013), S. 3; S. 14, Nr. 5; S. 15; Reh, T. / Willhöft, C. (2014), S. 66 f.; Volz, M. (2011), S. 123.
[85] Vgl. Baumöl, U. (2009), S. 107.

In den folgenden Ausführungen wird anhand potentieller Funktionen des Controlling zur Sicherstellung der Regeleinhaltung analysiert, inwiefern es über die Operationalisierung durch Instrumente und Methoden und Manifestierung zu einem Controllingsystem einen Beitrag dazu leisten kann. Für die Implementierung eines entsprechenden Controllingsystems ist es in erster Linie wichtig, die speziellen Aufgaben, die aus den Anforderungen resultieren, zu definieren und auf Basis der Funktionsweisen von Instrumenten und Methoden des Controlling den Beitrag eines Controllingsystems zur Zielerreichung abzuleiten.

4.2 Sicherstellung der Einhaltung im Rahmen der Informationsversorgungsfunktion des Controlling

4.2.1 Das Rechnungswesen als Instrument des Controlling

Die Ambition der Transparenzschaffung durch den EFPIA-Kodex besteht in einer durchweg lückenlosen, detaillierten und verständlichen Berichterstattung bestimmter Zahlungen und Zuwendungen an definierte Empfängerkreise. Es sollen die wesentlichen Informationen, die den Zweck von Transparenz im Bereich der Zusammenarbeit von Kooperationspartnern im Gesundheitswesen erfüllen, den Stakeholdern bereitgestellt und übermittelt werden. Aus diesen Zielstellungen in Verbindung mit der deutlichen Granularität des Templates geht hervor, dass neben der Dokumentation aller direkten und indirekten Zuwendungen ihre Aggregation in die entsprechenden Kennzahlen und Konsolidierung in die vorgegebene Form der Berichterstattung notwendig wird.[86] Diese Aufgabenstellung setzt wiederum eine **solide Informationsbasis** voraus, die in der Lage ist, stets für verfügbare, korrekte, detaillierte und aufbereitete Ist-Daten zu sorgen, um den Ansprüchen der geforderten Offenlegungsstruktur zu genügen.[87] Die Informationsversorgung der Unternehmensleitung mit führungsrelevanten Informationen und folglich der Gewährleistung der Adäquanz interner und externer Berichterstattung ist eine der originären Funktionen des Controlling.[88] Mit Aufgaben der Informationsbeschaffung und -verarbeitung besitzt es die notwendige Kompetenz und ist eindeutig dazu befähigt, einen Beitrag zur notwendigen Datentransparenz zu leisten.[89]

Im Rahmen des EFPIA-Kodex haben sich die pharmazeutischen Mitgliedsunternehmen freiwillig dazu verpflichtet, sich an den Interessen ihrer

---

[86] Vgl. Marschlich, A. / Paffen, R. / Wetzel, S. (2014), S. 101 ff.
[87] Vgl. Schmid-Gundram, R. (2014), S. 7 ff.
[88] Vgl. Wagenhofer, A. (2010), S. 13.
[89] Vgl. Reichmann, T. (2006), S. 13.

Stakeholder auszurichten und einen offensiven Umgang mit Interessenkonflikten zu wahren. Als Lösungsansatz zum Ausgleich der Interessen ist die Erfassung und Ausweisung der relevanten Zuwendungen vorzugsweise auf **individueller Basis** mit namentlicher Nennung der Empfänger abzubilden, sollten lokale Gesetzgebungen nicht dagegen sprechen.[90] Hierfür bedarf es allerdings einer soliden Informationsbasis, die die empfängerbasierte Erfassung relevanter Transaktionen und deren **eindeutige** Aggregation erlaubt. Gerade in Deutschland stellt diese Regelung allerdings unter den strengen Datenschutzbestimmungen eine Herausforderung dar. Die Pharmafirmen können nicht von sich aus eine individuelle Veröffentlichung durchführen. Sie sind hierbei auf das Einverständnis und eine hinreichend bestimmte, schriftliche Einwilligungserklärung der Ärzte und Angehörigen von Gesundheitsberufen angewiesen, die somit eine Schlüsselrolle in der individuellen Offenlegung von Transaktionen einnehmen.[91] Des Weiteren beschäftigt die betroffenen Unternehmen der Tatbestand, dass der Anknüpfungspunkt für die Ausweisung der Transaktionen das Land mit Geschäftssitz des jeweiligen HCP bzw. der HCO ist, unabhängig vom Ort der Kooperation. Das heißt, dass in Konzernen die Tochtergesellschaften untereinander in starkem Maße Kommunikationskanäle aufbauen sollten, um z. B. Informationen einer Kooperation zwischen einem deutschen Arzt und einer amerikanischen Tochtergesellschaft zeitnah mit vollständigen und validen Daten an die meldepflichtige deutsche Tochter weiterzuleiten.[92]

Als zentrales unternehmensinternes Informationssystem und des Controlling wichtigste und unerlässliche Datenquelle dient hierbei das Rechnungswesen zur Datenerfassung.[93] Es ist für die mengen- und wertmäßige Erfassung und Speicherung relevanter Daten über vergangene, gegenwärtige und zukünftige unternehmensinterne Tatbestände und Vorgänge sowie Beziehungen des Unternehmens mit seinem Umfeld verantwortlich und sorgt für deren zweckbasierte Transformation zur Weitergabe an interne und externe Informationsnutzer. Durch die Nutzung interner und externer Quellen zur Erhebung von Daten, deren vollständige Dokumentation sowie die systematische, sachliche und chronologische Erfassung aller betrieblichen Geschäftsvorfälle kann die Buchhaltung als Bestandteil des Rechnungswesens somit die notwendige Solidität der Informationsbasis liefern.[94]

---

[90] Vgl. o. V. (2014), S. 23.
[91] Vgl. Reh, T. / Willhöft, C. (2014), S. 65 f.
[92] Vgl. Diener, H. / Broch, U. (2014), S. 3, vgl. Volz, M. (2011), S. 5 f.
[93] Vgl. Joos, T. (2014), S. 7 f.
[94] Vgl. Coenenberg, A. G. / Haller, A. / Mattner, G. / Schultze, W. (2012), S. 3 ff.

Eine individuelle Erfassung von Transaktionsdaten erfordert indes gleichzeitig die Notwendigkeit ihrer eindeutigen Zuordenbarkeit zu den jeweiligen Empfängern. Das wiederum setzt erstens ein hohes Maß an Qualität in den Stammdaten der Empfänger voraus sowie zweitens, eine **klare Definition** dessen, welche Kooperationspartner unter die Empfängergruppen HCP und HCO fallen. Stammdaten bilden die Basis unternehmerischer Prozesse und sollten dazu gewisse Qualitätsdimensionen erfüllen. Hierzu sind neben ihrer Vollständigkeit und Zuverlässigkeit ebenso ihre Korrektheit und Konsistenz, d.h. Eindeutigkeit sicherzustellen.[95] Für die klare Absteckung der Empfängergruppen HCP und HCO haben sich die Pharmafirmen an den Definitionen des EFPIA-Kodex zu orientieren.[96] Allerdings ist hier keine explizite Auflistung, sondern „nur" eine Charakterisierung der Empfängergruppen zu finden, nach der sich die Unternehmen richten können und dies auch nach bestem Verständnis und Gewissen tun sollten. Es ist allerdings fraglich, ob dem eine Symmetrie der unternehmensindividuellen Definitionen und Zuordnungen folgt.[97]

Den Stakeholdern sollen ferner alle **direkten und indirekten Leistungsbeziehungen** offenbart werden. Somit muss gewährleistet sein, dass auch solche Zahlungen erfasst werden, die über unabhängige Drittanbieter im Namen des Pharmaunternehmens an HCPs und HCOs getätigt werden. Hierin liegt allerdings die Schwierigkeit, dass das Unternehmen in diesem Fall auf Übermittlung der eben korrekten, vollständigen und validen Daten durch die Mittlerunternehmen angewiesen ist. Es kann zwar selbstständig getätigte Transaktionen an die Drittanbieter aufzeichnen, aber ohne Kenntnis des exakten Umfangs und tatsächlichen Empfängers keine Zuordnung zu diesem vornehmen. Diese Problemstellung mündet zum Teil in einer Reduzierung der Beauftragung externer Drittunternehmen oder der Einrichtung spezieller Meldeportale, denen die Details zu den mittelbaren Zuwendungen entnommen werden können.[98]

Um ein sinnvolles und ausreichendes Maß an Transparenz im Beziehungsgefüge mit Partnern des Gesundheitswesens herzustellen, wurde in enger Zusammenarbeit mit Ärztegemeinschaften auf Bundesebene ein Katalog mit den zu veröffentlichenden **Zuwendungskategorien** definiert.[99]

---

[95] Vgl. Otto, B. / Hinderer, H. (2009), S. 4 f.
[96] Vgl. EFPIA (2013a), S. 5, Section 1.03.; S. 11.
[97] Vgl. EFPIA (2014), S. 10, Question 11 und 12; S. 15 f., Question 24 ff.; auch als Anhang beigefügt.
[98] Vgl. Marschlich, A. / Paffen, R. / Wetzel, S. (2014), S. 102.
[99] Vgl. o. V. (2012), S. 5.

Das bedeutet, dass die Buchhaltungssysteme der Unternehmen in der Lage sein sollten, eine Abbildung von Transaktionen unter anderem in den Zahlungskategorien der Spenden sowie Zuwendungen im Zusammenhang mit Fortbildungsveranstaltungen, Dienstleistungs- und Beratungsverträgen und Forschungs- und Entwicklungtätigkeiten nach klaren, abgrenzbaren Kriterien zu erlauben.[100] Dies bedingt, dass ein vorhandenes Informationssystem analog dieses Maß an Transparenz aufweisen sollte. Vor diesem Hintergrund nimmt das Rechnungswesen auf Basis der Kosten- und Leistungsrechnung eine bedeutende Rolle ein. Über die Bereitstellung und Betreibung eines klar strukturierten Kontensystems und die exakte Zuordnung und Verbuchung anfallender Kosten nach ihrem Sachverhalt und Umfang, ermöglicht das Kostenrechnungssystem die saubere Trennung von Transaktionen in die entsprechenden Kategorien und ebnet den Weg für die sich anschließende Weiterverarbeitung.[101] Hierfür ist sicherzustellen, dass die bisherigen Systematiken dahingehend analysiert werden, inwiefern sie zum aktuellen Zeitpunkt den Ansprüchen einer Ausweisung in den speziellen Zahlungskategorien entsprechen und ggf. neu strukturiert werden.[102]

Die Herausforderung bei der Modellierung und Anwendung einer entsprechenden Kontensystematik, um die logische Zuordnung von Zahlungsströmen zu veranlassen, besteht in der meist noch unklaren Abgrenzung von Geschäftsvorfällen. Durch den jungen Beschluss herrschen unter den betroffenen Pharmaunternehmen viele Fragestellungen, die mitunter die Auslegung der Zahlungskategorien und Zuordnung der Zuwendungen betreffen.[103] Um eine gewisse Qualität der offenzulegenden Daten zu gewährleisten, ist ein Controllingsystem hierbei auf die exakten Definitionen und Abgrenzungen durch die EFPIA angewiesen. Erst dadurch wird die Gestaltung eines effektiven Rechnungswesens durch Strukturierung der Kosten- und Leistungsrechnung möglich.

Die erfassten Ist-Kosten der relevanten Transaktionen sind sodann derart zu aggregieren, dass sie über den Gesamtumfang je Empfänger und Zuwendungskategorie beziehungsweise über den Gesamtumfang der Zuwendungen über alle Empfänger je Kategorie informieren.[104] Solche Werte, die betriebswirtschaftliche Zusammenhänge in komprimierter Form darstel-

---

[100] Vgl. o. V. (2013c), S. 1.
[101] Vgl. Coenenberg, A. G. / Fischer, T. M. / Günther, T. (2012), S. 21 ff.; S. 67 ff.; Huch, B. / Behme, W. / Ohlendorf, T. (2004), S. 4 ff., Horváth, P. (1991), S. 21 ff.
[102] Vgl. Horváth, P. (1991), S. 15 ff.
[103] Vgl. EFPIA (2014), S. 11, Question 14; S. 12 f., Questions 16 – 19, vgl. auch im Anhang.
[104] Vgl. EFPIA (2013b).

len, werden durch das Controlling über **Kennzahlen** abgebildet. Dem Controlling obliegt dabei die Aufgabe, relevante Sachverhalte entsprechend aufzubereiten und zu transparenten und aussagekräftigen Werten zu verdichten, um sie für steuerungsrelevante Zwecke der Führungsunterstützung einzusetzen. Für die Sicherstellung der Kennzahlenbildung im Falle des EFPIA-Kodex, ist der deskriptive Charakter in Form von jährlichen, absoluten Einzelwerten oder Summen ausreichend.[105] Seine Informationsversorgungsfunktion bestimmt daher, dass das Controlling diese zusätzlichen Kennzahlen in das Kostenrechnungssystem integriert und diese Eingang das Controllingsystem finden.

Für die Aggregation sind zunächst alle wesentlichen Daten aus der Fülle von unternehmensinternen Wissensdatenbanken zu selektieren.[106] Hierbei stellen allerdings die Vielfalt an operativen Systemen und die Heterogenität der Datenstruktur das Controlling vor eine Herausforderung. Die jeweiligen Unternehmensbereiche benötigen selbst eigene Steuerungs- und Datensysteme, eventuell auch eigene Kontensystematiken, die es erlauben, bereichsspezifische Planungs- und Kontrollrechnungen durchzuführen und Geschäftsprozesse zielorientiert und erfolgreich zu gestalten.[107] Demzufolge werden zahlreiche Daten- und Zahlungsströme meist nicht konzentriert, sondern dezentral im Spektrum der Systemarchitektur innerhalb der verschiedenen Bereiche, Systeme und Prozesse abgehandelt. In diesem Zusammenhang gewinnt das Controlling als Querschnittsfunktion zunehmend an Bedeutung.[108] Durch seine Fähigkeit der umfassenden Informationsversorgung, obliegt es in seinem Aufgabenbereich, die benötigten Daten zu identifizieren, nach den entsprechenden Sachverhalten zu filtern und nach den Kategorien und Empfängern zu aggregieren. Hierbei wird erneut die Notwendigkeit eines effektiven Rechnungswesens sowie klar strukturierten und vollständigen Informationssystems betont.

4.2.2 Das Berichtswesen als Instrument des Controlling

Die Steigerung der Transparenz für externe Anspruchsgruppen geht einher mit einer Zunahme der Berichterstattung für die pharmazeutischen Unternehmen. Die Offenlegung der Daten hat nicht nur öffentlich auf einer frei zugänglichen Webseite zu erfolgen, sie hat ebenso unter Beachtung von

---

[105] Vgl. Littkemann, J. (2006), S. 47 f.
[106] Vgl. Horváth & Partners (2003), S. 227 ff.
[107] Vgl. Finger, R. (2014), S. 45 f.
[108] Vgl. Weber, J. / Georg, J. / Janke, R. (2010), S. 398.

inhaltlichen, terminlichen, zeitlichen und designrelevanten Aspekten statt-zufinden.

Die **Berichterstattung** gegenüber internen und externen Anspruchs-gruppen wird in der Regel vom Controlling vorbereitet, wodurch folglich auch der Einsatz im Rahmen des EFPIA-Kodex sinnvoll ist. Die notwendige Transparenz wird dabei in erster Linie über das Berichtswesen eines Un-ternehmens erreicht. Hierbei sorgt das interne Berichtswesen (sog. „Ma-nagement Reporting") für die Informationsversorgung interner Adressaten, insbesondere der Unternehmensführung, das externe Berichtswesen bzw. externe Reporting gewährleistet die Transparenz nach außen.[109] Als wich-tigstes Informationsversorgungs- und Führungsunterstützungsinstrument zählt das Berichtswesen zu den Kernelementen des Controlling. Seine Hauptaufgabe besteht dabei in der Koordination der Informationsaufberei-tung und -übermittlung sowie der Informationsnutzung durch den Empfän-ger[110], wobei bestimmte zielführende Gestaltungskriterien einzuhalten sind. Hierzu zählen insbesondere Fragen nach der inhaltlichen Ausgestaltung, nach verbindlichen Terminen der Berichterstattung sowie nach der Art und Weise bzw. der Form der Veröffentlichung.[111] Es hat sich gezeigt, dass gerade die empfängerspezifisch orientierte Aufbereitung und Berichterstat-tung von Daten zu einer effektiveren Informationsversorgung führt.[112] Um dem Zweck der Informationsversorgung gerecht zu werden, ist die Erfül-lung dieser Kriterien sicherzustellen. Allerdings besteht der Anspruch der Kodex-Regelungen nicht in der Ausgestaltung des Offenlegungsberichtes, da die Kriterien weitestgehend definiert und durch das Template vorgege-ben sind. Der Umfang der Unterstützung durch das Controlling beschränkt sich in Bezug auf die Kodex-Regelungen lediglich auf die Umsetzung der **terminlichen und formellen Vorgaben** sowie die transparente Übermitt-lung der Informationen. Durch Zuhilfenahme des Berichtswesens ist im Vorfeld auf Basis interner Systeme eine entsprechende Gestaltung der Berichtsstruktur sicherzustellen, um sodann die ordnungsgemäße Konsoli-dierung der relevanten Daten vornehmen zu können.

Einen weiteren kritischen Faktor für die finale Übermittlung und effektive Informationsnutzung durch den Empfänger bildet die Erläuterung der Zah-len hinsichtlich ihrer Entstehung, Zusammensetzung und Berechnung.[113]

---

[109] Vgl. Schwarzmaier, U. (2013), S. 35.
[110] Vgl. Horváth, P. (2008), S. 17 f.
[111] Vgl. Blohm, H. (1974), S. 12 ff.
[112] Vgl. Botthof, H. - J. (2012), S. 63 ff.
[113] Vgl. Picard, N. (2009), S. 107.

Diese Aufgabenstellung wird im Kodex als Regel zur Erstellung methodischer Hinweise definiert und liegt in exklusiver Verantwortung der Unternehmen. Hieraus soll in verständlicher Weise hervorgehen, wie die jeweilige Erfassung und Offenlegung der Angaben erfolgt, vor allem im Hinblick auf eine zeitliche Einordnung und Bewertungsgrundlagen der Zuwendungen, z. B. ob die Verwendung von Brutto- oder Nettobeträgen erfolgte.[114] Auch diese Punkte können durch die Funktionen des Berichtswesens abgedeckt werden. Neben der Berichterstellung ist die Darstellung der Berichte ein entscheidendes Medium, um eine transparente und verständliche Übermittlung zu erreichen. Die Ergänzung von Berichten um Kommentare hilft dabei, komplexe Zusammenhänge der Informationen zu verdeutlichen und zentrale Herangehensweisen hervorzuheben.[115]

In Abb. 12 sind die zentralen Aufgabenfelder und Herausforderungen bei der Erstellung des Offenlegungsberichtes nach dem EFPIA-Kodex kurz im Überblick dargestellt.

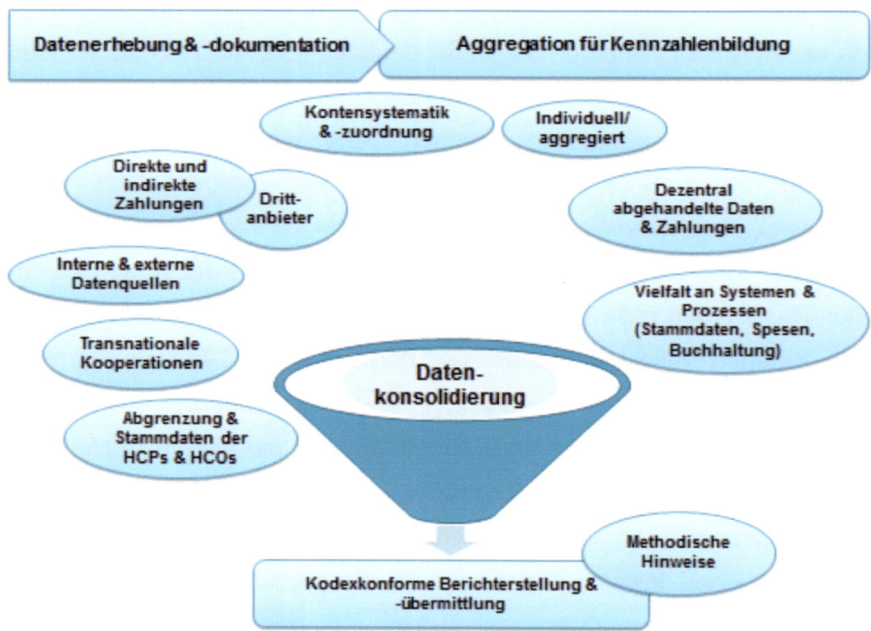

Abb. 12: Aufgabenfelder und Herausforderungen bei der Erstellung des Offenlegungsberichtes nach dem EFPIA-Kodex

4.2.3 Kritische Würdigung

Die zentrale Herausforderung bei der Umsetzung der Kodex-Regelungen liegt darin, sich der tiefgreifenden Auswirkungen auf Unternehmensprozes-

---

[114] Vgl. EFPIA (2013a), S. 8, Article 3, Section 3.08.
[115] Vgl. Weber, J. / Janke, R. (2013), S. 28.

se und -systeme bewusst zu sein und das Controlling als wesentliches Instrument für die Datenbeschaffung und Berichterstattung anzunehmen. Durch seine Kernkompetenz der Datenerfassung, -aufbereitung und ihre Übermittlung besitzt es vor diesem Hintergrund einen essentiellen Stellenwert, bei der Erfüllung der Transparenzanforderungen zu unterstützen.

Zudem erfährt das Controlling auf mittelbarem Weg eine zunehmende Bedeutung für externe Adressaten. Bei den notwendigen Daten, die externen Anspruchsgruppen bereitgestellt werden sollen, handelt es sich um Informationen, die unternehmensintern in den betroffenen Bereichen entstehen und Steuerungszwecken dienlich sind. Sie fallen über die Informationsversorgungs- und Koordinationsfunktion in den Aufgabenbereich des Controlling.[116] Der Transparenzgedanke des EFPIA-Kodex führt nun dazu, dass solch interne Steuerungsdaten über den Weg der reinen Aggregation und Veröffentlichung den Stakeholdern zur eigenen Interessenverfolgung zur Verfügung gestellt werden. Folglich erfährt die Controllingfunktion im Rahmen der Transparenzerzeugung zu Kodex-Zwecken eine neue Richtung. Interne Daten werden nicht wie üblich für interne Entscheidungszwecke ermittelt, zu Informationen verdichtet und an interne Führungsebenen übermittelt, sondern fließen direkt gefiltert und als aggregierte Ist-Daten-Berichterstattung an Unternehmensexterne.[117]

Es ist ersichtlich, dass die externe Berichterstattung in diesem Zusammenhang die Basis einer funktionierenden internen Berichterstattung durch Datenerhebung, -aggregation, -interpretation und spezifisch extern ausgerichtete Aufarbeitung benötigt, nicht zuletzt aus dem Grund, da die Unternehmensführung auf qualitativ hochwertige Informationen zur Unternehmenssteuerung und Erfüllung diverser gesetzlich geforderter Berichtspflichten angewiesen ist. Als Teilmenge der Managementinformationen zu Steuerungszwecken setzt schließlich die externe Informationsbereitstellung zwingend eine hohe Qualität interner Informationssysteme voraus.[118] Daraus lässt sich eindeutig schließen, dass der externen die **interne Transparenz** vorausgeht.

In erster Linie betrifft dies organisationsstrukturelle Voraussetzungen, die das Entstehen unlauterer Handlungsweisen im Ursprung unterbinden sollten, um in der Lage zu sein, die Übermittlung von Daten mit Korruptionshintergrund auszuschließen. Dies hätte weitreichende Konsequenzen und

---

[116] Vgl. Deyhle, A. / Steigmeier, B. (1993), S. 27 f.
[117] Vgl. Schäfer, B. / Wulf, I. (2012), S. 117.
[118] Vgl. Picard, N. (2009), S. 124 f.

sollte unter anderem durch eine strikte Dokumentation aller Geschäftsprozesse, durch die Vollständigkeit von Buchführung und Rechnungswesen sowie durch ein funktionierendes Berichtswesen verhindert werden.[119] Darüber hinaus sind dafür und für die transparente Kommunikation mit Unternehmensexternen ebenso übersichtliche prozessuale Voraussetzungen notwendig. Erst klar strukturierte interne Prozesse und Systeme ermöglichen einen gewissen Grad an **Datenqualität** in den einzelnen Steuerungssystemen, um auf deren Basis zuverlässige Informationen zur Veröffentlichung gewinnen zu können. Soll die Rechenschaftslegung von integren Handlungsweisen mit gutem Gewissen stattfinden können, sind die Datenflüsse aus den Geschäftsbeziehungen auf kontrollierbare Art und Weise zu leiten, zu speichern und zu nutzen sowie unter dem Aspekt interner Transparenz zu steuern.[120]

In der Regel ist die externe Berichterstattung aus Gründen von Interessenkonflikten gesetzlichen Normen unterstellt, da unternehmensindividuelle und frei gestaltbare interne Rechnungswesensysteme zu einer Informationsasymmetrie zugunsten von Unternehmensinternen führen. Zum Zwecke einer glaubwürdigen und vergleichbaren Informationsversorgung von externen Anspruchsgruppen erfordert dies die Anwendung spezieller einheitlicher Rechnungsmethoden und die Beachtung gesetzlicher Gestaltungs- und Berichterstattungspflichten (vgl. Abb. 13).[121] Einen besonders gewichtigen Punkt nimmt dabei die Prüfungspflicht der externen Berichte ein. Externe Stakeholder benötigen zu individuellen Zwecken und Entscheidungen valide Informationen der Unternehmen, die objektiv, überprüfbar und vertrauensvoll zu sein haben. Vor diesem Hintergrund erfährt die externe Überprüfung einen besonderen Stellenwert.[122] Im Zuge der Umsetzung des EFPIA-Kodex ist allerdings keine eigens eingerichtete externe Überprüfung der Daten auf Vollständigkeit, Validität und Integrität vorgesehen. Die Verantwortung darüber liegt komplett im eigenen Ermessen und Interesse der Unternehmen selbst, die alle damit verbundenen Konsequenzen zu übernehmen haben.[123] An dieser Stelle wird erneut die Wichtigkeit transparenter interner Organisationsstrukturen und Prozesse deutlich, die korrupten Verhaltensweisen vorbeugen. Dies macht gleichzeitig eine **interne Auditierung** empfehlenswert, um gerade solche Sachverhalte aufzudecken und

---

[119] Vgl. Buchert in Klenk, S. 64 ff.
[120] Vgl. Heitmann, H. (2009), S. 183 ff.
[121] Vgl. Wagenhofer, A. / Ewert, R. (2007), S. 6 ff.
[122] Vgl. Picard, N. (2009), S. 113.
[123] Vgl. EFPIA (2013a), S. 8 f., Article 4, Section 4.01.; Section 4.04.

ihre Offenlegung zu vermeiden sowie um die Vollständigkeit und Validität sicherzustellen. Insofern gewinnen interne Controllinginstrumente des Berichts- und Rechnungswesens auch für externe Informationszwecke an Bedeutung. Neben der gesetzlich verankerten externen Berichterstattung, die gewöhnlich nicht dem Controlling zugesprochen wird[124], erfährt das sonst von außen unabhängige Controlling zunehmend Einfluss durch Anforderungen aus dem Unternehmensumfeld.[125]

	Externes Rechnungswesen	Internes Rechnungswesen
Adressaten	Eigentümer/Aktionäre Mitarbeiter Kunden Lieferanten Banken Staat Öffentlichkeit	Management/Entscheidungsträger des Unternehmens
Zweck	Schutz der Adressaten durch die Lieferung einer fundierten Informationsbasis bezüglich des Unternehmens	Bereitstellung der zur Unternehmenssteuerung erforderlichen Informationen
Bestimmung durch	Gesetzgeber Vorschriften des HGB, IFRS, US-GAAP	Informationserfordernisse des Unternehmens
Merkmale	Periodenbezogenheit Pagatorische Rechnung	Zweckbezogenheit (Periode, konkreter Anlass, …) Rechnung in der zweckmäßigen Dimension
Bestandteile	Bilanz Gewinn- u. Verlustrechnung Lagebericht (bei Aktiengesellschaften)	Kosten- und Erlösrechnung Investitionsrechnung Finanzplanung Betriebsstatistik …

Abb. 13: Eigenschaften des externen und internen Rechnungswesens[126]

Insgesamt lassen die Analyseergebnisse darauf schließen, dass die Unterstützung des Controlling im Rahmen der Datenbeschaffung und Offenlegung, begründet durch seine Kernkompetenz der Informationsversorgung, nicht nur sinnvoll, sondern ökonomisch notwendig erscheint. Ein Controllingsystem sollte die Instrumente des Rechnungswesens und Berichtswesens inkludieren, um die Rationalität der Unternehmensführung sicherzustellen und gleichzeitig deren Fähigkeit, die Informationsbereitstellung an externe Anspruchsgruppen, zu gewährleisten. Somit kann das Controlling

---

[124] Vgl. Horváth, P. (2008), S. 25.
[125] Vgl. Schäfer, B. / Wulf, I. (2012), S. 116.
[126] Vgl. Szyszka, U. (2001), S. 22.

in seiner **originären Rolle als Informationslieferant** durch die Beschaffung, Aufbereitung und Bereitstellung der kodex-relevanten Daten **einen Beitrag zur Sicherstellung von kodex-konformem Verhalten leisten**. Die Sicherstellung der Einhaltung aller Regelungen ist allerdings in starkem Maße davon abhängig, inwiefern die daraus erwachsenden Notwendigkeiten und kritischen Faktoren, insbesondere die der internen Transparenz und hoher Datenqualität, gehandhabt werden (vgl. Abb. 14).

Regelung	Potentielle Controlling-Instrumente	Funktionsweise	Herausforderungen/Voraussetzungen
Möglichst individuelle Offenlegung der Daten	Rechnungswesen	Datenerhebung aus internen & externen Datenquellen, systematische Erfassung	• Abgrenzung HCP/HCO • Stammdatenqualität • Datenschutz/Einwilligungen

Erfassung aller direkten & indirekten Transaktionen	Rechnungswesen	Datenerhebung aus internen & externen Datenquellen, systematische Erfassung	• Informationen aus
			  • transnationalen Kooperationen
			  • Transaktionen über Drittanbieter

Ausweis der Daten in speziellen Zuwendungskategorien	Rechnungswesen	Gestaltung & Betreibung einer effektiven Kontensystematik	• Zuordnung von Geschäftsvorfällen • Abgrenzung der Kategorien eher schwammig
Individuelle bzw. aggregierte Kennzahlenbildung	Rechnungswesen	Selektion der Daten & Aggregation nach Zuwendungskategorie & Empfänger	• Bündelung dezentraler Daten • Filterung aus Vielfalt an Steuerungssystemen & Prozessen • Individuelle Ausweisung nur bei Einwilligung, sonst aggregiert
Einhaltung von Terminen, Ort, Dauer & Struktur	Berichtswesen	Berichterstellung an den terminlichen & örtlichen Vorgaben ausrichten, Datenkonsolidierung analog dem Template, auf Basis vorgeschalteter Datenermittlung	• Struktur des Template • Strikte Einhaltung der Vorgaben • Interne Transparenz
Erstellung methodischer Hinweise & Offenlegung	Berichtswesen	Ergänzung der Berichtsinhalte durch transparente Kommentare zur Übermittlung, basierend auf vorgeschalteten Systemen der Datenerfassung	• Interne Transparenz • Interne Auditierung

Abb. 14: Herausforderungen bei der Sicherstellung der Regeleinhaltung im Rahmen der Informationsversorgungsfunktion des Controlling

4.3 Sicherstellung der Einhaltung im Rahmen der Koordinationsfunktion des Controlling

4.3.1 Aufbau eines Steuerungsrahmens

Aus den letzten Ausführungen ging hervor, dass das Controlling durchaus in der Lage ist, eine Sicherstellungsfunktion für die Einhaltung der Kodex-Regelungen zu leisten. Es ging allerdings ebenfalls hervor, dass hierfür im Vorfeld notwendige Voraussetzungen zu schaffen sind, insbesondere hinsichtlich einer **internen Transparenz und hohen Datenqualität**. Die Sicherstellung der Einhaltung der Regelungen ist folglich in starkem Maße von der Steuerung gewisser grundlegender struktureller, prozessualer und systemischer Unternehmensparameter abhängig.

Die Antizipation von Normenanforderungen aus dem Unternehmensumfeld, deren Transformation in organisatorische Maßnahmen und die anschließende Steuerung ihrer Umsetzung zur Herstellung von Compliance ist Aufgabe des **Compliance-Managements** eines Unternehmens. Es bezweckt, vor allem über einen Steuerungsmechanismus, sämtliche Compliance-Risiken zu vermeiden oder zumindest zu regulieren, um dadurch auf präventive Art und Weise Sanktionen und einem negativen Image zu entgehen. Dazu sind initial alle Bereiche und Geschäftsprozesse dahingehend zu analysieren, inwiefern sie Risiken bergen, die die Einhaltung der Normenanforderungen gefährden bzw. verhindern.[127] Basierend auf der Identifizierung möglicher Compliance-Risiken hat es die Aufgabe, über die organisatorische Verankerung eines Steuerungsrahmens, z. B. in Form eines Compliance-Systems, sogenannte Compliance-Maßnahmen zur Sicherstellung der Einhaltung regulatorischer Anforderungen zu ergreifen und darüber eine hinreichende Anpassung systemischer und prozessualer Organisationsparameter zu gewährleisten. Über solche Compliance-Programme werden operationalisierte Compliance-Ziele in einen Steuerungsprozess eingebettet, der über eine zielgerichtete Planung, Organisation und Kontrolle den Stand der Zielerreichung überwacht und ggf. nachsteuert. Das bedeutet, dass aus den regulatorischen Anforderungen explizite Compliance-Maßnahmen und Planvorgaben in Form von Richtlinien, Regeln oder konkret messbaren Kriterien abgeleitet werden und sich zur Umsetzung direkt an die betroffenen Unternehmensbereiche und Geschäftsprozesse richten. Zur Gewährleistung eines effektiven Compliance-Programms und folglich der Einhaltung der Normenanforderungen, ist die Umsetzung der organisatorischen und prozessualen Maßnahmen einer entsprechenden Überwachung und Steuerung zu unterziehen. Dazu sind geeignete Kontrollen einzurichten, die mögliche Defizite aufdecken und zeitnahe Gegenmaßnahmen ermöglichen. Über die interne Berichterstattung werden Kontrollergebnisse und ggf. Abweichungen an die Führungsebene übermittelt und

---

[127] Vgl. Herzog, H. (2009b), S. 89.

stoßen darüber die Schließung eines Regelkreises durch Optimierungs-maßnahmen an.[128]

Für die Umsetzung des EFPIA-Kodex bedeutet dies, dass ein Compliance-Management dafür zu sorgen hat, basierend auf den Anforderungen und erwachsenden Erfordernissen Direktiven, z. B. für die Stammdatenanlage und Abgrenzung der Empfängergruppen, für die Art und Weise der Kategorisierung der Zuwendungen wie auch für die nachfolgenden Handlungen der Erfassung direkter und indirekter Geschäftsvorfälle, zu geben. Die exakten Vorgaben des Kodex bezüglich der Berichtsstruktur, -termine und –orte sind in die Planvorgaben zu integrieren und anzuordnen. Dadurch werden für die Gesamtheit aller betroffenen Bereiche und Geschäftsprozesse kodex-adäquate Handlungsweisen und Arbeitsabläufe definiert, die im Tagesgeschäft zu beachten und einzuhalten sind, um die für die Offenlegung notwendige Informationserzeugung und die ihr vorgeschalteten essentiellen Voraussetzungen einer internen Transparenz und hohen Datenqualität zu gewährleisten. Diese sind in Form eines Compliance-Programms systematisch, strukturiert und regelbasiert zu planen und zu organisieren sowie schließlich hinsichtlich ihrer Einhaltung zu kontrollieren.[129] Welche Sicherstellungmaßnahmen und Kontrollmöglichkeiten zur Umsetzung des EFPIA-Kodex in Betracht kommen können, wird im nächsten Abschnitt behandelt. Zunächst sei die Rolle des Controlling im Rahmen eines Compliance-Programms beschrieben.

Innerhalb der Aufgabenstellung, auf Basis identifizierter Compliance-Risiken und Maßnahmen geeignete Kontrollen einzurichten, deren Wirksamkeit zu überwachen und Informationen darüber an die Führungsebene zu berichten, ist eine **Kooperation mit dem Controlling** zweckmäßig.[130] Aufgrund seiner Kompetenzen im Bereich der Planung, Kontrolle und Koordination ist es dazu befähigt, die Rationalität des Compliance-Managements hinsichtlich einer erfolgreichen Umsetzung eines Compliance-Programms sicherzustellen. Es besitzt das erforderliche Methodenwissen und die instrumentelle Ausstattung, die zum einen mit Rücksicht auf die zukünftigen Kontrollerfordernisse die Aufstellung von Soll-Kriterien für auszuführende Prozesse, Regeln und Systeme unterstützen sowie zum anderen der zeitlich fixierten Ermittlung der damit verbundenen Ist-Zustände dienen. Zudem leistet es einen wertvollen Beitrag, indem es In-

---

[128] Vgl. Bergmoser, U. / Theusinger, I. / Gushurst, K.-P- (2008), S. 1 ff.
[129] Vgl. Herzog, H. (2009b), S. 89
[130] Vgl. Wulf, I. / Schäfer, B. (2010), S. 266.

strumente bereitstellt, die per Gegenüberstellung geplanter Soll-Vorgaben und festgestellter Ist-Zustände mögliche Abweichungen ermitteln und den Erreichungsgrad überprüfen. Somit können Handlungsergebnisse und die Wirksamkeit der eingerichteten Compliance-Elemente kontrolliert und Optimierungspotentiale aufgezeigt werden.[131] Über seine Informationsversorgungsfunktion kann das Controlling sodann festgestellte Ergebnisse des Soll-Ist-Abgleiches und ggf. Korrekturempfehlungen in Form einer Compliance-Berichterstattung als Entscheidungsgrundlage an die Führungsebene übermitteln, um zielorientierte Reaktionen anzustoßen (vgl. Abb. 15).[132]

Abb. 15: Regelkreis zur Steuerung kodex-adäquater Maßnahmen mit Unterstützung eines geeigneten Compliance-Controlling[133]

Für diese unterstützende Sicherstellungsfunktion ist es ferner zwingend notwendig, dass sich das Controlling über die Bedeutung und die zugrundeliegenden Sachverhalte der Regelungen bewusst ist, um neben der konsequenten Beschaffung compliance-relevanter Informationen gleichzeitig ihre Interpretation vornehmen und Implikationen daraus ableiten zu können.[134] Für die Sicherstellung der Einhaltung des EFPIA-Kodex heißt das, dass das Controlling ein fundiertes Wissen über den Regelkatalog und seine Hintergründe sowie die Zielstellung, Zwecksetzung und Direktiven des Compliance-Programms besitzen sollte, um die Erstellung von Planvorga-

---

[131] Vgl. Baumgartner, B. (1980), S. 70 ff.
[132] Vgl. Brühl, K. / Humann, N. (2014), S. 14 ff.
[133] In Anlehnung an Baumöl, U. (2009), S. 106 f.
[134] Vgl. Weber, J. (2012), S. 63.

ben unterstützen sowie systematisch Abweichungen des Ist- vom Soll-Zustand, Konsequenzen und Schlussfolgerungen erkennen zu können. Ausgehend vom Wissen über die Notwendigkeit, nur solche Zuwendungen offenzulegen, die definierten HCPs und HCOs in bestimmten Zahlungskategorien zugute kommen, kann ein Controllingsystem z. B. während der Aggregation effektiv prüfen, ob es sich um relevante Sachverhalte handelt und nicht-relevante Zuwendungen oder Empfänger ausschließen. Ebenso kann es im Vorfeld dabei unterstützen, die signifikanten Zuwendungsarten und die Gruppen der Begünstigten abzustecken, um ihre Anwendung im Nachgang als maßgebende Soll-Vorgabe überwachen zu können.

Beide Qualifikationen, die Methodenkompetenz und das Fachwissen, befähigen das Controlling dazu, eine effektive Unterstützungsfunktion sowie Rationalitätssicherung von Führungshandlungen zur Sicherstellung der Einhaltung des EFPIA-Kodex zu leisten. Durch die Bereitstellung von auf die Compliance-Ziele ausgerichteten Planungs- und Kontrollmethoden kann ein Controllingsystem bei der Durchführung von Planungen und prozessimmanenten Kontrollen unterstützen sowie die Koordination der Informationsversorgung zur Durchführung effektiver Monitoringprozesse durch die Führungskräfte übernehmen.

Das Compliance-Management hat die Aufgabe, die Anforderungen des EFPIA-Kodex zu antizipieren, indem es geeignete organisatorische Maßnahmen ergreift und im Zuge eines Compliance-Controlling-Regelkreises die kodex-konforme Umsetzung überwacht und sicherstellt. Die verabschiedeten Soll-Vorgaben betreffen neben den betrieblichen Einheiten vor allem die Geschäftsprozesse eines Unternehmens.[135] Zur Sicherstellung einer hinreichenden Umsetzung der Compliance-Maßnahmen wird nicht zuletzt eine prozessorientierte Betrachtungsweise von betrieblichen Vorgängen empfohlen, die die Festlegung einheitlicher Handlungsweisen und klarer Prozessbeschreibungen gewährleistet.[136] Durch Modellierung betroffener Geschäftsprozesse und Bestimmung ihrer Ausführung sollen letztlich die damit zu erreichenden Ziele effektiv werden. Für das Compliance-Management bietet sich hierbei eine Ergänzung durch ein Geschäftsprozessmanagement an. Dieses ist allgemein, unter Beachtung der Unternehmensziele und Strategien, dafür verantwortlich, über Führung, Organisation und Controlling von Geschäftsprozessen, deren zielgerichtete Steuerung mit Ausrichtung auf die Anforderungen der Stakeholder zu gewährleis-

---

[135] Vgl. Bungartz, O. (2010), S. 133 ff.
[136] Vgl. Dieners, P. / Lembeck, U. (2010), Rn. 64.

ten.[137] Für die Sicherstellung der Kodex-Anforderungen kann es demzufolge die Direktiven des Compliance-Programms aufgreifen und sich demgemäß um die Organisation und Information zugehöriger Prozessabläufe kümmern, z. B. von Arbeitsschritten für eine vollständige Stammdatenanlage oder die Erfassung indirekter Zuwendungen, um anschließend die Offenlegung der richtigen Sachverhalte zu garantieren. Hierbei ist eine umfassende Kommunikation an die betroffenen Adressaten wichtig, z. B. in Form von Unterweisungen oder Schulungen, um eine ordnungsgemäße Ausführung zu erreichen. Ein kontinuierliches Prozess-Controlling sorgt für die Erstellung und Koordination von leistungsbezogenen messbaren Planungs- und Kontrollparametern, die über einen Steuerungsprozess die Einhaltung der vorgegebenen Prozesse bewirken sollen.[138] Somit kann der controlling-gestützte Steuerungskreis zur Sicherstellung der Abdeckung der Transparenzanforderungen effektiv durch einen zusätzlichen ebenso controlling-gestützten Steuerungskreis zur Umsetzung der Soll-Vorgaben in den Geschäftsprozessen ergänzt werden (vgl. Abb. 16).

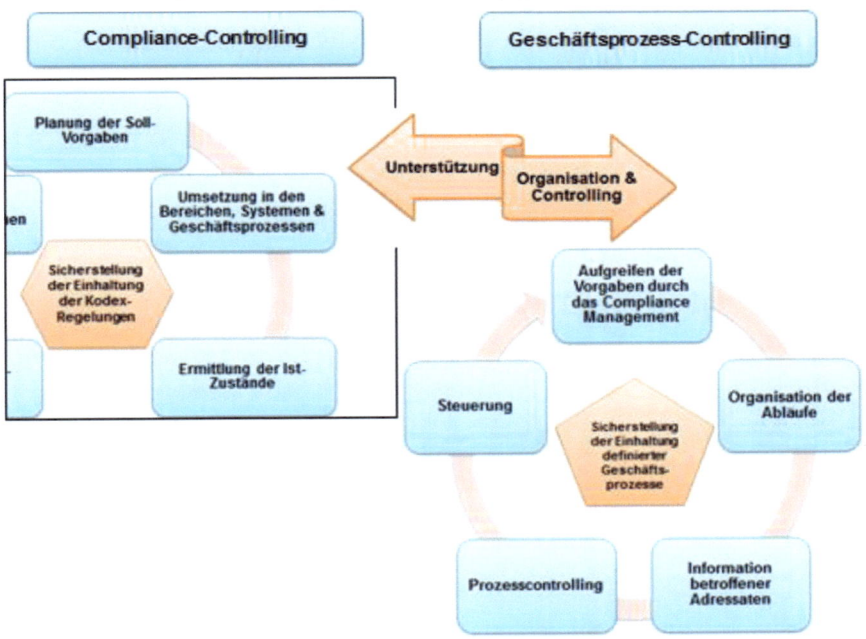

Abb. 16: Unterstützung der Sicherstellung von Compliance durch Geschäftsprozess-Controlling

4.3.2 Durchführung von Monitoringprozessen

Das Ziel des Compliance-Programms besteht neben der Sicherstellung der Regeleinhaltung vor allem in der **Vermeidung von Risiken** aus Verfeh-

---

[137] Vgl. Schmelzer, H. / Sesselmann, W. (2010), S. 5 ff.
[138] Vgl. Schmelzer, H. / Sesselmann, W. (2010), S. 41; S. 228 ff.

lungen.[139] Gerade dem EFPIA-Kodex stehen aufgrund der hohen Bedeutung von Vertrauen Reputationsrisiken gegenüber, welche sich besonders durch die Abhängigkeit der Unternehmen von Aktionären, Konsumenten, Politik und Medien ausdrücken und schwerwiegende wirtschaftliche Schäden mit sich führen. Durch die gezielte Planung, Integration und Nachverfolgung von konkreten Maßnahmen, sollen die Risiken wirksam bekämpft bzw. kontrolliert werden.[140] So sind alle identifizierten Compliance-Risiken über den Prozess der Planung, Anweisung und Überwachung effektiver Maßnahmen zu vermeiden.[141] Durch die Bedeutung der Konsequenzen, die bei Eintritt von Verfehlungs- und Reputationsrisiken folgen können, sollte schon während des Planungsprozesses hinterfragt werden, welches die zukünftigen Kontrollerfordernisse sein werden. Hier wird erneut die Wichtigkeit der Kongruenz von Planungs- und Kontrollobjekten im Controlling deutlich.[142]

Eine effektive Controlling-Methode, die die Steuerung der Einhaltung aller geplanten und angewiesenen Vorgaben und folglich die Vermeidung von Verfehlungs- und Reputationsrisiken unterstützt, ist das Monitoring aller Instruktionen und kritischen Handlungsfelder.[143] Dabei dienen im Rahmen von Monitoring-Prozessen gezielte **Kontroll- bzw. Prüfungshandlungen** in den Bereichen und Geschäftsprozessen der Überwachung der Maßnahmen und Aufdeckung möglicher Defizite, um die Einhaltung zu jedem Zeitpunkt sicherzustellen und rechtzeitig Gegenmaßnahmen bei Abweichungen einleiten zu können.[144] Erst die Kontrolle dessen, was durch die Planung vorgegeben wird, das heißt, der Abgleich von Soll-Vorgaben mit tatsächlich realisierten Ist-Zuständen, kann einen Optimierungsprozess anstoßen und somit auf rationale Art und Weise zur Zielerreichung bzw. Sicherstellung der Einhaltung der gesamten Kodex-Regelungen führen.[145]

Für die Durchführung geeigneter Kontrollen durch ein Controllingsystem, ist es vor allem wichtig, den **gesamten Interaktionsprozess** mit den relevanten Empfängern zu betrachten, um basierend auf den Anforderungen und Erfordernissen gezielte Maßnahmen und Kontrollen ableiten zu können, die weit über die reinen Regelungen des Kodex hinausgehen und sich

---

[139] Vgl. Herzog, H. (2009b), S. 89.
[140] Vgl. Inderst, C. (2012), S. 233 ff.
[141] Vgl. Herzog, H. (2009a), S. 33 f.
[142] Vgl. Deyhle, A. (1972), S. 817.
[143] Vgl. Lühn, M. (2010), S. 231.
[144] Vgl. Erwin, T. / Rau, Th. / Schlitt, Chr. (2013), S. 60.
[145] Vgl. Weber, J. / Schäffer, U. (1999), S. 738.

auf weitreichende, organisatorische Vorgaben beziehen.[146] In Kapitel 4.2 wurden gewisse Erfordernisse festgestellt, die durch adäquate Compliance-Maßnahmen sicherzustellen sind, um letztlich die Kodex-Anforderungen effektiv zu erfüllen (vgl. Abb. 17).

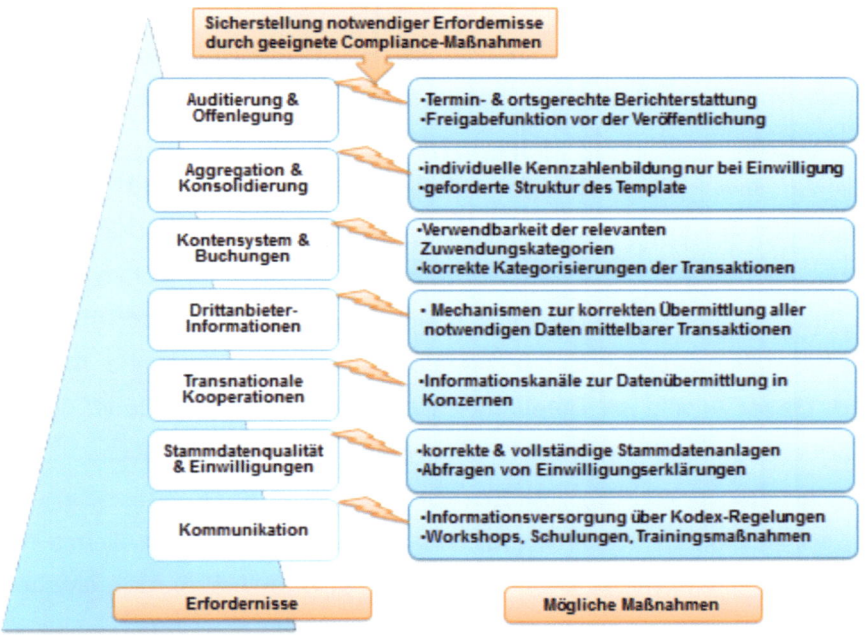

Abb. 17: Sicherstellung von Erfordernissen durch geeignete Compliance-Maßnahmen zur Vermeidung von Compliance-Risiken[147]

Den Ausgangspunkt bilden dabei in erster Linie Kommunikationsmaß-nahmen, die vorsehen, dass Betroffene über den Kodex, seine Hintergrün-de, die Details und die daraus abgeleiteten Richtlinien und Anweisungen für betriebliche Handlungen informiert sind. Sollten solche essentiellen In-formationen ausbleiben und Wissenslücken hervorrufen, kann die Einhal-tung des Kodex von Grund auf nicht gewährleistet werden. Deshalb sollten regelmäßig Instrumente der Informationsversorgung eingesetzt werden und Betroffene kontinuierlich sensibilisieren. Workshops oder Schulungen mit persönlicher Vermittlung oder schriftliche Briefe und Emails stellen an die-ser Stelle sinnvolle Maßnahmen dar.[148] Die Stammdatenbasis bildet eine zweite essentielle Voraussetzung, die für die empfängerbasierte Ermittlung der Transaktionsdaten korrekte und vollständige Empfängerdaten bereitzu-stellen hat. Wichtig ist vor allem, dass die relevanten Begünstigten den Gruppen „HCP" und „HCO" richtig zugeordnet sowie eindeutig identifizier-

---

[146] Vgl. Deloitte (2013), S. 12 ff, Nr. 1 - 5.
[147] In Anlehnung an Dieners, P. / Lembeck, U. (2010), Rn. 45 ff.
[148] Vgl. Baumöl, U. (2009), S. 107 f.

bar sind. Hierbei kommt ebenfalls einer geregelten Dokumentation und Pflege von Vertragsbeziehungen und der Status einer Einwilligung eine große Bedeutung zu. Ist kein Vertrag vorhanden, sind Zahlungen zu hinterfragen und bei Abwesenheit einer Einwilligung darf die Offenlegung nur auf Aggregationsebene stattfinden. Hier sollte die Sicherstellung einer hohen Datengüte durch Kontrollen im Prozess der Stammdatenanlage oder der Ablage von Geschäftsbeziehungen geschehen. Unmittelbar damit zusammenhängend ist die Notwendigkeit, alle direkten und indirekten Transaktionen der jeweiligen Empfänger aufzuzeichnen. Da die meldepflichtigen Pharmaunternehmen gerade bei landesübergreifenden und Drittanbieter-Kooperationen von der Informationsbereitstellung anderer abhängig sind, ist ihre Vollständigkeit und Validität sicherzustellen, indem der Informationsversorgungsprozess durch strenge Vorgaben definiert und reguliert wird. Dieser Aspekt der Datenerfassung ist besonders bedeutend, da das pharmazeutische Unternehmen nicht in den kompletten Interaktionsprozess eingebunden ist, sondern entweder die Initiierung oder die Zuwendung außerhalb des eigenen Kontrollbereiches liegen. Schwachstellen können sich ebenfalls im Bereich der Buchhaltung und der Kontensystematik ergeben. Besonders problematisch könnten sich dabei Fehler auswirken, die zu falschen Zuwendungsdaten und somit zu unwahren Offenlegungsdaten führen, z. B. dass ein HCO eine Spende statt eines Sponsorings erhalten hätte. Hier sollten Maßnahmen für korrekte Buchungsvorgänge sorgen, indem die Verbuchung der relevanten Transaktionen auf eindeutige und nach ihrem Sachverhalt definierte Konten angewiesen wird. Sind im Anschluss alle Transaktionen individuell verbucht, ist des Weiteren zu steuern, dass alle unternehmensweit relevanten Daten zu den jeweiligen Kennzahlen aufsummiert werden und dies gleichzeitig nur bei Vorhandensein einer Einwilligung auf individueller Ebene geschieht. Folglich sind die klaren Vorgaben der Struktur des Templates sowie Regeln, die eine individuelle Ausweisung oder Aufnahme einer Transaktion in den „anonymisierten" aggregierten Betrag gewährleisten, zu implementieren. Für die letztliche Offenlegung der empfängerbasierten Transaktionsdaten ist es enorm wichtig, stets die formellen und terminlichen Vorgaben einzuhalten. Überdies wäre es fatal, sollten unkorrekte Daten an die Öffentlichkeit gelangen. Daher ist im Vorfeld dringend eine interne Auditierung anzuraten, die für die Sicherstellung der Daten-Validität und die Transparenz der methodischen Hinweise sorgt, ggf. mit voriger Kontaktierung und Information der jeweiligen Begünstigten.

An exakt diesen maßgebenden Prozessen und Systemen sollte ein Controllingsystem durch Implementierung gezielter kontinuierlicher und umfassender Kontrollen ansetzen, um Risiken einer mangelnden Beachtung und Umsetzung der Compliance-Maßnahmen vorzubeugen. Zum Beispiel wären ungenügende Schulungsmaßnahmen zu Beginn durch Kontrollen aufzuspüren, um rechtzeitig gegensteuern zu können und Folgerisiken durch Unkenntnis auszuschließen. Kontrollen dienen einer erhöhten Transparenz durch Ermittlung von Abweichungen und der Einleitung von kompensierenden Nachverfolgungen. Hierbei kann ein Controllingsystem mit dem Know-how und Methodenwissen der Kennzahlenbildung unterstützend mitwirken und die Sicherstellung der Compliance mit dem Kodex fördern, indem es aus den Vorgaben und Handlungsanweisungen des Compliance-Programms geeignete Messgrößen ableitet, die wesentliche kodexrelevante Sachverhalte erfassen und über die Definition von Zielwerten die Ermittlung von Abweichungen zum Ist-Zustand ermöglichen.[149]

Diese expliziten Abweichungskontrollen können dabei in Form von bestimmten festgelegten Mustern stattfinden (z. B. Prüfung auf existente Einwilligung bei individueller Offenlegung oder Abweichung der tatsächlichen Zuwendungskategorie „Spende" von der verbuchten Zuwendungskategorie „Sponsoring"), die während der Stammdatenanlagen oder Verbuchungen der Transaktionen im Buchhaltungssystem analysiert werden und bei Feststellung zu einer aktiven Gegenmaßnahme auffordern.[150] Hierfür existieren verschiedene Methoden und Instrumente, die dem Controlling bei Kontrollaktivitäten zur Verfügung stehen. So können z. B.

• Abstimmungen von Sachverhalten mit verwendeten Buchungskonten,

• Analysen von Soll- und Ist-Zuständen der übermittelten indirekten Zuwendungsdaten,

• Genehmigungen gewisser Stammdatenanlagen oder Buchungen,

• Funktionstrennungen von Verantwortlichkeiten wie Initiierung, Genehmigung, Verbuchung in den einzelnen Prozessen,

• Bestätigungen gewisser Vorgänge,

• Checklisten für Arbeitsvorgänge und Prozessausführungen oder

• Sichtung der aggregierten Kennzahlen

---

[149] Vgl. Reißig-Thust, S. / Weber, J. (2011), S. 40 f.
[150] Vgl. Erwin, T. / Rau, Th. / Schlitt, Chr. (2013), S. 59 ff.

eine wertvolle Hilfestellung leisten, um die korrekte Umsetzung der Maß-nahmen sicherzustellen. Hierbei ist es ratsam, z. B. bei Stammdatenanlagen, Kontenbuchungen oder der Aggregation sich ergänzende manuelle und automatische Kontrollen zu verwenden, ggf. durch systemgestützte Prüf-, Genehmigungs- oder Freigabeprozesse, um den Abdeckungs- und Sicherheitsgrad zu erhöhen. Präventive und detektive Kontrollen haben den Vorteil, dass sie Risiken schon frühzeitig vorbeugen, indem sie z. B. während der Verbuchung von Zuwendungen Fehler aufzeigen und zur Korrektur zwingen oder im Nachgang solche Fehler aufdecken und noch vor einer Veröffentlichung zu Gegenmaßnahmen auffordern. Zudem sollten direkt auf Prozessebene solche Kontrollen implementiert werden, die einen entscheidenden Einfluss besitzen, Compliance-Risiken zu vermeiden.[151]

Hierfür können mitunter sogenannte „Key Risk Indicators" herangezogen werden. „Key Risk Indicators" stellen quantitative oder qualitative Kennzahlen dar, für die ebenfalls ein Zielwert festgelegt wird, der sodann für den Abgleich mit Ist-Zuständen herangezogen werden kann. Sie dienen dem Controlling ergänzend als Frühindikatoren, die Fehlentwicklungen nicht erst im vorangeschrittenen Prozess der Berichterstellung aufzeigen, sondern über Schlüsselgrößen frühzeitig auf absehbare Risiken hindeuten. Dazu sollten sie schon während der Ermittlung von Compliance-Risiken erstellt und anschließend kontinuierlich gemessen werden, um eine zeitnahe Gegensteuerung zu ermöglichen. Zudem sollten sie sich auf besonders gravierende Sachverhalte beziehen, um der Führungsebene maßgebende Informationen zu Entscheidungszwecken liefern zu können..[152] Zum Beispiel kann eine Kennzahl definiert werden, die die Anzahl von Fehlbuchungen misst. Bei häufigem Auftreten könnte dies darauf hindeuten, dass verstärkte Schulungsmaßnahmen notwendig sind, um die Zuverlässigkeit der Eingaben zu erhöhen.

Um neben besonderen Risiken gleichfalls die Effektivität des Compliance-Programms zur Abdeckung aller Transparenzanforderungen zu messen, stehen dem Controlling sogenannte „Key Performance Indicators" (KPI) zur Verfügung.[153] KPIs sind bedeutsame Top-Kennzahlen, die mitunter zu Informations- und Steuerungszwecken eingesetzt und in Abhängigkeit von den jeweiligen Unternehmens- und Problemspezifika, insbesondere auch der Branche, gebildet und angewendet werden. Beispielsweise

---

[151] Vgl. Bungartz, O. (2010), S. 139 ff.
[152] Vgl. Thurow, Chr. (2011), S. 348 ff.
[153] Vgl. Pampel, J. R. / Krolak, T. (2010), Rn. 25.

dienen sie im Rahmen der Planung, Steuerung und Kontrolle dazu per Erstellung und Messung von Soll- und Ist-Werten Schwachstellen und Abweichungen zu identifizieren und zu analysieren. Bei frühzeitiger Einschaltung und Berichterstattung besitzen KPIs somit ebenfalls eine Frühwarnfunktion und ermöglichen als wertvolle Informationsquelle der Führungsebene eine rechtzeitige Reaktion bei Planabweichungen.[154] Dadurch können sie auch zur Dokumentation von Soll-Ist-Vergleichen während der Überprüfung der Einhaltung der Compliance-Maßnahmen herangezogen werden. Hierfür sind speziell, bezogen auf das Problemfeld des Compliance-Programms und die daraus abgeleitete Zielstellung, eigens verwendete Kriterien zur Messung zu bestimmen und KPIs zu bilden.[155]

Für eine rechtzeitige Einleitung von Gegenmaßnahmen ist ebenfalls zu definieren, ab welchem Schwellenwert der jeweiligen KPIs besondere Aufmerksamkeit herrschen und schnelle Reaktionen folgen sollten.[156] Aufgrund der Bedeutung von Non-Compliance bei der Berichterstattung nach EFPIA-Vorgaben und den daraus resultierenden Risiken, bietet sich die Festlegung eines möglichst minimalen Toleranzbereiches an, um bei kleinsten Abweichungen eine Steuerung des Ist-Wertes auf erneute 100% des Zielwertes anzustoßen.[157]

In der nachfolgenden Tabelle (vgl. Abb. 18) werden für den vorliegenden Fall der Compliance mit den Regelungen des EFPIA-Kodex basierend auf den erwachsenden Erfordernissen die maßgebenden Ansatzpunkte für Kontrollen dargestellt und denkbare Prüfungshandlungen und KPIs zur Dokumentation der Messungen zugeordnet:

---

[154] Vgl. DIIR-Arbeitskreis „Revision der Logistik" (2012), S. 32 f.
[155] Vgl. Dieners, P. / Lembeck, U. (2010), Rn. 83.
[156] Vgl. Pampel, J. R. / Krolak, T. (2010), Rn. 25.
[157] Vgl. Becker, W. / Ulrich, P. / Ries, M. (2014), S. 54.

Compliance-Maßnahme für	Denkbare Kontrollen	Mögliche KPIs zur Dokumentation
Kommunikations- & Schulungsmaßnahmen durch Benachrichtigungen, Workshops, Trainings	• Überprüfung einer regelmäßigen Informationsversorgung durch Schulungen, Workshops etc. • Prüfung auf Vollständigkeit der Teilnehmer • Wissenstests zur Sicherstellung, dass Kodex gelesen, verstanden & angewendet wird	• Anzahl durchgeführter Maßnahmen pro Monat • Anzahl der Teilnehmer • Anzahl (in-)korrekter Antworten
Eindeutige Abgrenzung der HCP / HCO Vollständige & korrekte Stammdatenanlagen Beachtung des Datenschutzes & Einholen von Einwilligungsbestätigungen	**Abgrenzung HCP / HCO & Stammdatenqualität:** • Überprüfung der Stammdatenanlagen auf eine vollständige, konsistente, aktuelle und korrekte Dateneingabe • Prüfung auf Vergabe einer individuellen Kennung • Prüfung auf die korrekte Eingruppierung der Empfänger als HCP bzw. HCO **Prüfung des Einwilligungsstatus:** • Überprüfung der Einwilligungserklärung & ihrer Gültigkeit • Durchführung von regelmäßigen Prüfungen auf Aktualisierung • Überprüfung des Status der Einwilligung & adäquater zeitnaher Anpassung des Offenlegungsberichts hinsichtlich individueller oder aggregierter Ausweisungen	**Abgrenzung HCP / HCO & Stammdatenqualität:** • Anzahl an Fehlinformationen • Anzahl lückenhafter Eingaben **Stammdatenprüfung auf Einwilligungsstatus:** • Anzahl verbleibender Tage bis zum Ablaufdatum
Adäquate Datenbeschaffung aus • transnationalen Kooperationen • Transaktionen über Drittanbieter	• Überwachung mittelbarer Transaktionen und Überprüfung der übermittelten Daten auf Vollständigkeit und Korrektheit	• Anzahl unvollständiger oder fehlerhafter Daten
Korrekte Erfassung von Geschäftsvorfällen auf den relevanten Buchungskonten	• Prüfung der Buchungen auf korrekte Kategorisierung der Zuwendungen	• Anzahl an Fehlbuchungen
Bündelung dezentraler Daten Filterung aus Vielfalt an Steuerungssystemen & Prozessen Individuelle Ausweisung nur bei Einwilligung, sonst aggregiert	• Überprüfung integrierter Daten • Prüfung der individuellen Kennzahlen auf Existenz einer Einwilligung • Überwachung, Daten ohne Einwilligung in die aggregierten Kennzahlen zu inkludieren	• Anzahl aggregierter Daten • Anzahl fehlerhafter Kennzahlenbildung
Kongruenz mit der Struktur des Templates Strikte Einhaltung der Vorgaben	• Überprüfung auf Einhaltung der Struktur des Templates • Prüfung der Offenlegungsplattform auf freie Zugänglichkeit	• Anzahl fehlender Elemente • Anzahl möglicher Zugriffe
Erstellung methodischer Hinweise	• Prüfung auf transparente Erläuterung der Daten	• Quote erläuterter Sachverhalte
Interne Auditierung	• Überprüfung auf Durchführung eines internen Audits	• Quote gesichteter & freigegebener Sachverhalte

Abb. 18: Denkbare Kontrollen und Messungen zur Sicherstellung der Anforderungen des EFPIA-Kodex[158]

---

[158] In Anlehnung an Moosmayer, K. (2012), S. 88 f.; für KPIs vgl. Dieners, P. / Lembeck, U. (2010), Rn. 83.

Dem Geschäftsprozess-Controlling dienen innerhalb der Planung, Kontrolle und Steuerung der compliance-relevanten Prozesse gewisse Leistungs- und Qualitätsmerkmale, die neben der Effektivität und Effizienz auch die Qualität und Wirtschaftlichkeit von Geschäftsprozessen messen. Da sie sich wiederum auf eine Vielfalt an Einzelaspekten beziehen können, sind sie zielorientiert, mit Blick auf die bestehende Problemstellung auszuwählen.[159] Gleichzeitig ist darauf zu achten, dass sie besonderen Anforderungen genügen, um eine hohe Messgüte zu erhalten. So ist unter anderem wichtig, dass sie in Bezug zur Herstellung von Transparenz und Einhaltung der Kodex-Regelungen stehen (Strategie- und Kundenbezug) oder durch operationalisierte Kriterien einen Handlungsbedarf aufzeigen und die Prozesssteuerung unterstützen (Objektivität und Steuerungsrelevanz). Um Geschäftsprozesse hinsichtlich ihrer Kodex-Konformität beurteilen zu können, ist insbesondere die Messung von folgenden Kriterien von Belang (vgl. Abb. 19):

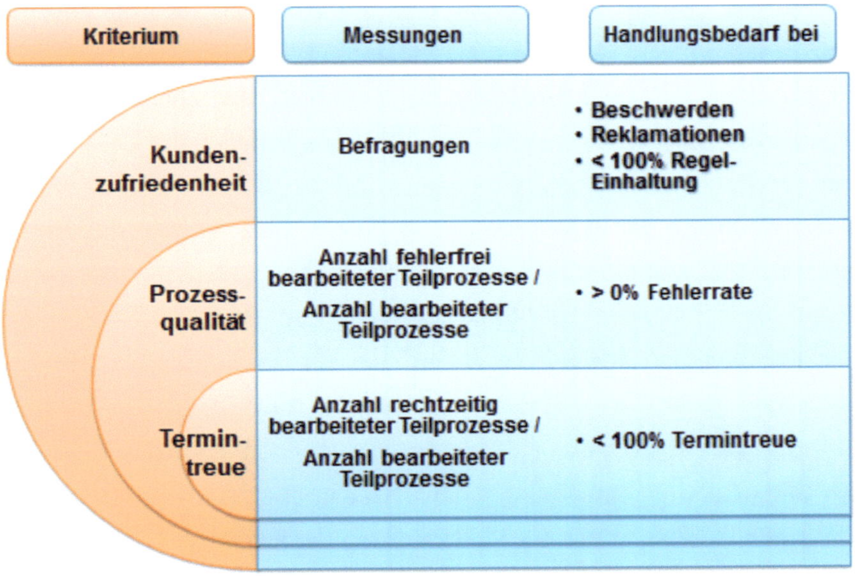

Abb. 19: Leistungsparameter zur Messung und Kontrolle im Rahmen von Geschäftsprozess-Controlling[160]

Die Offenlegungstermine des Berichts sind durch die EFPIA eindeutig bestimmt und mit Bezug auf ein Kalenderjahr spätestens 6 Monate nach Ende des Berichtszeitraumes einzuhalten. Sollten Messungen nun feststellen, dass Teilprozesse in der Stammdatenanlage oder Erfassung von indirekten Zahlungen nicht rechtzeitig erledigt sind, sind an diesen Stellen ge-

---

[159] Vgl. Seidl, J. (2002), S. 29 ff.
[160] In Anlehnung an Schmelzer, H. / Sesselmann, W. (2010), S. 239 ff.

zielte Korrekturmaßnahmen einzuleiten. So besteht das Risiko, dass z. B. kurz vor einem Veröffentlichungstermin noch keine Abfrage der Transaktionen über Drittanbieter oder vollständige Erfassung und Definition eines Begünstigten sowie Einholung seiner Einwilligung stattgefunden hat, wodurch mit einem gravierenden Terminverzug der Offenlegung zu rechnen ist. Hierdurch, wie durch weitere Faktoren, können Teilprozesse fehlerhaft bearbeitet werden. Fehler bestimmen die Prozessqualität, die in hohem Maße Compliance-Risiken birgt, z. B. durch die Offenlegung falscher Zuwendungsdaten, was nicht nur einen Reputationsschaden, sondern ebenfalls Maßnahmen durch den betroffenen Empfänger mit sich führen kann. Die Kundenzufriedenheit bezieht sich in diesem Fall auf die Zufriedenheit der Führungsebene mit dem für die Offenlegung erstellten Bericht und der Güte seiner enthaltenden Daten. Werden in Befragungen von Führungspersonen gewisse Beschwerden über die erstellte Leistung bzw. Abweichungen von Soll- und Ist-Zuständen aufgenommen, ist im Leistungsprozess gezielt nachzuhaken und auf eine Kodex-Kongruenz hin nachzusteuern.[161] Sollte keine durchgehende Termintreue gegeben sein, wird sich dies auf die Prozessqualität auswirken, da fehlende Bearbeitungsschritte letztlich zu fehlerhaften Offenlegungsberichten führen, z. B. durch das Fehlen indirekter Zahlungen über Dritte, was die empfängerspezifische Kennzahl der Zuwendungen verfälscht. Eine mangelnde Termintreue wirkt sich wiederum gemeinsam mit einer mangelhaften Prozessqualität auf die Zufriedenheit der Führungsebene aus, da durch beide vorgeschalteten Kriterien Risiken bestehen und die Einhaltung von Kodex-Regelungen gefährden. Für eine umfassende Beurteilung und Kontrolle von Prozessen sowie einen risikodeckenden Monitoringprozess können je nach Bedarf und Zwecksetzung weitere Messgrößen bedeutend sein und einbezogen werden.[162] Für die Sicherstellung der Einhaltung der Regelungen des EFPIA-Kodex sind möglichst alle relevanten Bereiche des Interaktionsprozesses zu erfassen und durch Kontrollmaßnahmen zu steuern.

4.3.3 Kritische Würdigung

Für eine vollständige Abdeckung der Transparenzanforderungen des Kodex reicht die Informations- und Berichtserzeugung durch das Rechnungs- und Berichtswesen als Instrumente eines Controllingsystems allein nicht aus. Die adäquate Datenerfassung und valide Offenlegung erfordert ebenso, dass zu jedem Zeitpunkt über den gesamten Interaktionsprozess

---

[161] Vgl. ebenda.
[162] Vgl. Seidl, J. (2002), S. 32.

hinweg alle Datenflüsse auf korrektem Wege, über transparente Strukturen und nach klar definierten Vorgaben abgehandelt werden. Ein Controllingsystem kann hierzu **zusätzlich durch die Bereitstellung von Planungs- und Kontrollinstrumenten** bei der Planung der notwendigen Soll-Vorgaben und der damit einhergehenden Ermittlung, Kontrolle und Koordination der Ist-Zustände unterstützen, wobei speziell den gezielten Kontrollen für die strikte Vermeidung von Compliance-Risiken ein hoher Stellenwert beigemessen wird.

Hierbei stellt insbesondere die Struktur der Unternehmensorganisation einen entscheidenden Einflussfaktor dar, der die Weichen für die Umsetzung und Einhaltung von Normenanforderungen legt. Ein Controllingsystem hat allenfalls nur eine geringe Chance, eine effektive Sicherstellungsfunktion zu leisten, sofern keine ausreichend geeigneten institutionellen Einrichtungen vorherrschend sind. Dazu zählen u.a. klar definierte Prozesse, um Schnittstellenprobleme im Zuge einer starken Arbeitsteilung in den Teilprozessen der Offenlegung zu minimieren oder die Standardisierung gewisser Vorgänge, um eine Fokussierung auf besonders risikoträchtige und komplexe Sachverhalte und deren Bearbeitung zu ermöglichen.[163] Zudem kann der Umstand der dezentral gestreuten Datenabhandlungen problematisch werden und eine effiziente Steuerung der Anforderungen des EFPIA-Kodex verhindern. Deshalb sollte das Compliance-Management eingangs durch strukturelle Maßnahmen für eine Zentralisierung relevanter Daten wie z. B. von Zahlungsströmen oder Transaktionspartnern sorgen, um zu möglichst effektiven Kontrollhandlungen und -ergebnissen beizutragen.[164]

Allerdings werden Steuerungs- und Überwachungstätigkeiten kaum eine Sicherstellungsfunktion bewirken, wenn in den Compliance-Maßnahmen festgestellte Abweichungen und Korrekturbedarfe nicht ordentlich, transparent, aber vor allem zeitnah und entscheidungsorientiert an die Führungsebene übermittelt werden. Die Erkenntnisse aus den Überwachungsmaßnahmen können generell nur dann zu einer Vermeidung von Compliance-Risiken und zur Sicherstellung der Compliance-Ziele beitragen, wenn kontrollierte Sachverhalte exakt dokumentiert und folgende Konsequenzen bei negativer Abweichung definiert werden. Hierzu zählt auch eine durchdachte Entwicklung und Auswahl von KPIs. Ein Controllingsystem sollte gewährleisten, dass zum einen angewandte Kennzahlen in Bezug zu den Compliance-Zielen stehen und solche Sachverhalte darstellen, die zielführend im

---

[163] Vgl. Dieners, P. / Lembeck, U. (2010), Rn. 32 ff.
[164] Vgl. Herzog, H. (2009a), S. 34.

Compliance-Management zur Abdeckung des EFPIA-Kodex sind. Bei-spielsweise trägt in diesem Zusammenhang die Messung von Materialkos-ten zur Herstellung eines Medikaments wenig dazu bei. Zum anderen ist zu bedenken, dass sich KPIs untereinander beeinflussen können und somit nicht isoliert, sondern gleichzeitig betrachtet werden sollten, um Interpreta-tionen zu tätigen. So kann z. B. die Anzahl der Fehlbuchungen durch lü-ckenhafte Eingaben in der Stammdatenanlage oder durch fehlerhaft erhal-tene Daten von Drittanbietern bedingt sein. Sie können auch mit unter-schiedlicher Gewichtung beide dafür verantwortlich sein. Weiterhin ist es möglich, dass Kennzahlen in einem negativen Verhältnis zueinander ste-hen, z. B. wenn die Anzahl inkorrekter Wissenstestantworten durch eine Erhöhung von Schulungsmaßnahmen sinkt.[165]

Erst durch effektive Messungen und die Berichterstattung wird eine Aus-wertung und Verwendung der Informationen im Steuerungsprozess ermög-licht. Sie dienen der Führungsebene als essentielle Grundlage für eine er-folgreiche Durchführung der Monitoringprozesse und rationale Entschei-dungen für die Anweisung von Korrekturmaßnahmen. Hierbei ist es umso wichtiger, dass Kontrollergebnisse rechtzeitig, regelmäßig und in angemes-sener Form übermittelt werden.[166] Ein Controllingsystem besitzt folglich nur dann eine Sicherstellungsfunktion, wenn es auch vor diesem Hintergrund seiner Informationsversorgungsfunktion nachkommt, um die effektive Nachverfolgung für einen insgesamt transparenten und kodex-adäquaten Interaktionsprozess unter einwandfreier Datenqualität nicht zu gefährden, und frühzeitig potentielle Schwachstellen und Korrekturbedarfe aufzeigt.[167]

Eine besondere Herausforderung bei der Abdeckung der Transparenzan-forderungen stellen indirekte Zuwendungen über Drittanbieter sowie Ko-operationen meldepflichtiger Transaktionen außerhalb des eigenen Wir-kungsbereiches, aber vor allem die Bedeutung des Datenschutzes in Deutschland dar.[168] Drittanbieter leisten meldepflichtige Zahlungen und Zuwendungen an HCP und HCO, wenn sie von Pharmafirmen dazu beauf-tragt werden, gewisse Dienste im Rahmen der Kooperationen zu leisten, bspw. die Ausschreibung, Beauftragung und Bezahlung klinischer Studien. Zur Vermeidung eines Compliance-Risikos ist es hier zwingend notwendig, dass ein Controllingsystem klare Prozesse und Vorgaben definiert, die eine

---

[165] Vgl. DIIR-Arbeitskreis „Revision der Logistik" (2012), S. 33 f.
[166] Vgl. Brühl, K. / Humann, N. (2014), S. 14 ff.
[167] Vgl. Erwin, T. / Rau, Th. / Schlitt, Chr. (2013), S. 59 ff.
[168] Vgl. PwC (2014), S. 12.

korrekte und vollständige Übermittlung aller erforderlichen Daten den Drittanbietern einfordern. Auch hierzu sind wiederum gezielte Kontrollen einzurichten. Das Gleiche gilt für transnationale Kooperationen. Die Gefahr eines nicht erfassten Vorgangs ist groß, da Interaktionsprozesse am eigentlich meldepflichtigen Unternehmen vorbei durchgeführt werden können. Finden hierzu keine klaren Datenaustausch- oder Koordinationsmechanismen zwischen den Konzernunternehmen statt, die die länderspezifischen Berichtspflichten abdecken, besteht ebenfalls die Gefahr, dass ein Controllingsystem seine Funktion der Sicherstellung der Einhaltung aller Kodex-Regelungen nicht vollständig erfüllt. Vor allem birgt der Datenschutzaspekt ein Risikopotential, da vor der Offenlegung von Daten mit namentlicher Nennung durch die HCP eine Einwilligung erstattet werden muss, die jederzeit zurückgezogen werden kann. Das bedeutet, dass die jährlichen Berichte stets flexibel zu steuern und bei Reklamationen oder Änderung des Status einer Einwilligung sofort einer Anpassung zu unterziehen sind. Das heißt gleichzeitig, dass Einwilligungen jederzeit zurück genommen werden können und die Sicherstellungsfunktion des Controllingsystems bei ineffektiven Steuerungsmechanismen zur Korrektur der veröffentlichten Daten versagt.

Da für die Regelkonformität keine externe Prüfung vorgesehen ist, wie es bei der gesetzlich normierten externen Berichterstattung der Fall ist[169], ist es zudem ratsam, über ein Controllingsystem hinaus Überwachungsmechanismen zu implementieren, die die Funktionstüchtigkeit der Kontrollen und final die Validität der Offenlegungsdaten sicherstellen, um den Grad der Risikovermeidung auf ein Maximum zu regulieren.[170] Hier wird erneut die Bedeutung einer internen Auditierung deutlich, die erst durch Auslösung einer Freigabefunktion als abgeschlossen gelten und darüber die Transparenz und Validität der Offenlegungsdaten bestätigen sollte.

In Anbetracht der Neuartigkeit der Problemstellung und der Anforderungen an Unternehmen, wirft zudem der institutionelle Aspekt eines Controllingsystems Fragen auf.[171] Durch die Vielzahl potentieller Aufgabenfelder und Schnittstellen, die im Zuge der Sicherstellung der Regelkonformität anfallen, ist das Controlling als Querschnittsfunktion herausgefordert. Zwar sind alle Aufgaben ausgerichtet auf die Sicherstellung der Compliance zu verrichten, betreffen allerdings verschiedene Aktivitäten und Prozesse un-

---

[169] Vgl. Picard, N. (2009), S. 107.
[170] Vgl. Lühn, M. (2010), S. 231 ff.
[171] Vgl. Volz, M. (2011), S. 123.

terschiedlicher Bereiche wie z. B. das Stammdatenmanagement, den Zahlungsverkehr oder auch die Rechtsabteilung für Fragen des Datenschutzes. Hier ist noch unklar, wer im Endeffekt die Verantwortung dafür trägt und wie sich ein Controllingsystem einordnen kann. Durch die vielfältigen Implementierungsmöglichkeiten bezüglich des Zentralisierungsgrades des Controllingsystems, der Zuweisung von Weisungsbefugnissen und der Gestaltung der Binnenstruktur, sollte demnach eine organisatorische Einordnung des Controllingsystems nicht nur in der Compliance-Abteilung in Betracht gezogen werden. Diese Entscheidung verlangt eine umfassendere Sichtweise und sollte in Abhängigkeit unternehmensinterner Strukturen und strategischer Aspekte des gewählten Compliance-Programms getroffen werden.[172]

5 Fazit und Ausblick

Die Zielstellung dieser Arbeit ist es, die einzelnen Anforderungen des EFPIA-Kodex und seine Auswirkungen auf die betroffenen Pharmaunternehmen zu erörtern, um nachfolgend zu analysieren, welchen Beitrag ein Controllingsystem zur Sicherstellung ihrer Einhaltung leisten kann.

Betrachten wir dazu die eingangs formulierten Leitfragen:

Frage 1: Inwiefern ist das Controlling dazu befähigt, die Einhaltung der Regelungen des EFPIA-Kodex sicherzustellen?

Zunächst wurde festgestellt, dass die einzelnen Anforderungen des EFPIA-Kodex unter dem Aspekt einer guten Corporate Governance über das Unternehmensumfeld direkt auf die Unternehmensführungen einwirken und die Antizipation über den Prozess der Unternehmenssteuerung benötigen. Angesichts der Führungsnähe des Controlling und seiner rationalitätssichernden Funktion bei Führungshandlungen, kommt es hierbei als ein Lieferant von notwendigem Methoden- und Faktenwissen zur Sicherstellung der Regelkonformität in Betracht. Mit Kernkompetenzen in der Informationsversorgung für die Datenbeschaffung und Berichterstellung sowie in der Koordination von Planung und Kontrolle für die Steuerung der Compliance und kritischer Faktoren qualifiziert sich das Controlling sodann als eine wertvolle Unterstützungsfunktion.

Frage 2: Welche Aufgaben und Funktionen sollte ein Controllingsystem zur Sicherstellung der Einhaltung der Regelungen erfüllen?

---

[172] Vgl. Deloitte (2013), S. 14, Nr. 5; S. 16.

Ein Controllingsystem sollte dabei in erster Linie, nicht zuletzt aufgrund seiner originären Funktion der Informationsversorgung, Aufgaben im Bereich der Datensammlung und -bereitstellung übernehmen, um die notwendige Transparenz für relevante Zahlungsflüsse herzustellen. Hierbei erbringt es mit den Instrumenten des Rechnungs- und Berichtswesens einen wertvollen Beitrag zur vollständigen und korrekten Erfassung aller wesentlichen Daten in den internen Systemen und ihrer anschließenden kodexadäquaten Aggregation, Erläuterung und Übermittlung.

Allerdings ist die Regeleinhaltung nur dann zu 100% möglich, wenn im Vorfeld geeignete organisationsstrukturelle Voraussetzungen vorliegen und Compliance-Maßnahmen für ein exaktes, regelkonformes Vorgehen sorgen. Ein Controllingsystem sollte hierbei die Einbettung der Vorgaben in einen Steuerungsprozess unterstützen, indem es entlang des kompletten Kooperationsprozesses geeignete Messkriterien entwickelt, die gezielten Planungs- und Kontrolltätigkeiten und der Koordination von Ist- mit geplanten Soll-Zuständen dienen. Damit können wesentliche Prozesse eng an den Compliance-Maßnahmen ausgerichtet werden, wenn festgestellte Abweichungen frühzeitig an die Führungsebene übermittelt werden und auf diesem Wege einen effektiven Monitoringprozess sowie die Einleitung von Optimierungen gewährleisten. Während des Steuerungsprozesses sind weiterhin besonders kritische Faktoren und Erfordernisse zu beachten, die die Regeleinhaltung entscheidend beeinflussen. Insbesondere die schwer erfassbaren landesübergreifenden Kooperationen oder solche über Drittanbieter sollten bei Kontrollhandlungen stark fokussiert werden. Darüber hinaus spielt vor allem in Deutschland auch die Beachtung des Datenschutzes eine bedeutende Rolle. Ist ein Controllingsystem in diesen Bereichen nachlässig, können Compliance- und Reputationsrisiken verstärkt eintreten, weswegen hier mit effektiven Messkriterien und Kontrollen stets korrekte Prozessabläufe und die lückenlose Einhaltung der Regelungen gewährleistet werden sollten.

Frage 3: Inwiefern wird dadurch das Ziel erreicht, Transparenz für Geschäftsbeziehungen der Pharmabranche mit Angehörigen des Gesundheitswesens herzustellen?

Es wurde deutlich, dass ein Controllingsystem unter gewissen Bedingungen durch die Übernahme spezieller Aufgaben und die Nutzung geeigneter Instrumente und Methoden durchaus eine Sicherstellungsfunktion für die Compliance mit dem EFPIA-Kodex leisten kann. Bezogen auf den eingangs geschilderten Fall, können somit in Zukunft solche Zahlungen und Zuwendungen an die Kooperationspartner systematisch dokumentiert und aufgedeckt werden. Das bedeutet, dass hierüber zum einen schon von vornherein eine präventive Wirkung ausgeht, solche korruptiven Handlungen auszuführen und zum anderen, dass sich betroffene Pharmaunternehmen in diesem Bereich gegenüber allen Stakeholdern komplett öffnen und die Zuwendungsflüsse transparent machen. Damit verdeutlichen sie ihre eigene ablehnende Haltung für nicht-integres Verhalten, das Verantwortungsbewusstsein für integre und faire Vergütungen der notwendigen Zusammenarbeit und die Bereitschaft, Details auch eigenwillig preiszugeben. Das fördert das Vertrauen in die pharmazeutische Industrie und gleichzeitig das Verständnis für die Kooperationen und Vergütungen in der Öffentlichkeit. Sollte Skepsis aufkommen, sind die Zahlungen und Zuwendungen dokumentiert und erläutert zugänglich. Folglich können solche Fälle in Zukunft verhindert oder zumindest reduziert werden, da sie durch den EFPIA-Kodex, den Einsatz der Pharmaunternehmen und ein effektives Controllingsystem prüfbar werden. Auch der Ruf bzw. das Vertrauen gegenüber der Pharmaindustrie sollte sich durch die Transparenzmaßnahmen weiter erholen und eine positive Richtung einnehmen, da sie bereitwillig und motiviert eine Verschleierung der Zuwendungen strikt ablehnt.

Auch nach dem Einsatz eines effektiven Controllingsystems können sich allerdings Grenzen oder Probleme bei der Herstellung der Transparenz durch einige z.T. noch offenen Punkte ergeben. So sind z. B. die **Einheitlichkeit und folglich die Vergleichbarkeit** der zukünftig offengelegten Daten zwischen den Pharmaunternehmen noch fraglich. Dies geschieht mitunter dadurch, dass die Unternehmen bei der Klassifizierung der Empfängergruppen und der Zahlungskategorien keine exakten Vorgaben bekommen, sondern weitestgehend selbst entscheiden. Es ist unsicher, ob alle Unternehmen ihre Kooperationspartner einheitlich nach „HCP" und „HCO" einteilen und dieselben inkludieren, da die Grenzen z.T. verwischen. Auch bei der Abgrenzung der Zahlungskategorien ist es eher unwahrscheinlich, dass die unternehmensindividuellen internen Kostenrechnungssysteme einheitlich neu strukturiert und die relevanten Sachverhalte von Vergütungen nach identischen Regeln kategorisiert werden. Zudem sind erhebliche Spielräume bei der Zahlungserfassung möglich, die durch die methodischen Hinweise zwar sichtbar werden, aber nicht zu einheitlichen Werten führen. So können Zahlungen als Brutto- oder Nettowert, als Wert bei Entstehung oder Zahlung oder auch im Kostenansatz unterschiedlich ausgewiesen werden.

Des Weiteren ist auch die Vergleichbarkeit der Werte zwischen den Ländern fraglich. Hierfür ist das Nebeneinander von Gesetzen und freiwilligen Selbstregulativen ausschlaggebend, die selbst keine einheitlichen Regelungen aufweisen. So wird in einigen Ländern die Ausweisung von z. B. Bewirtungskosten und Geschenken verlangt, in Deutschland nicht. Die auszuweisenden Vergütungen differieren in den Ländervorgaben. Der stärkste Faktor, der sich z. B. in Deutschland auf die freiwillige Offenlegung auswirkt, ist die Rechtskraft des Datenschutzes. Hier können die Regelungen des EFPIA-Kodex derart ausgehebelt werden, dass die Vergütungen nicht mehr individuell transparent werden, sondern nur der Gesamtvergütungssumme aufgeschlagen sind. Dies verschleiert enorm die Gründe der Entstehung und den exakten Empfänger der Zuwendungsflüsse. Dementsprechend kann der Sachverhalt der Vergütung weniger gut nachvollzogen werden. Zudem ist es möglich, dass ein Pharmaunternehmen bspw. in Deutschland auf Empfängerebene ausweisen darf, ein anderes im selben Land für denselben Empfänger allerdings nicht. Hier scheint im Endeffekt nur die Gesamtausweisungssumme vergleichbar, die Frage nach z.B. vermehrten Kooperationen mit bestimmten Empfängern wird nicht beantwortet.

Demnach können die Vorgaben der EFPIA einerseits von den Ländern und zusätzlich von den betroffenen Unternehmen unterschiedlich adaptiert, ausgelegt und umgesetzt werden. Zudem ist keine externe Prüfung wie bei der Erstellung der Rechnungslegung vorgesehen, die durch Normen für einheitliche Vorgehensweisen und vergleichbare Werte zur Beurteilung der Unternehmen sorgt. Im Rahmen des EFPIA-Kodex bleibt die Frage nach einer fundierten Beurteilungsmöglichkeit aller Pharmaunternehmen und der ausgewiesenen Zahlungen und Zuwendungen offen.

Literaturverzeichnis

Amann, K. / Petzold, J. (2014): Management und Controlling, 2. Auflage, Wiesbaden.

Anthony, R. N. (1965): Planning and Control Systems, 1. Auflage, Boston.

Arbeitsgemeinschaft der Wissenschaftlichen Medizinischen Fachgesellschaften et al. (2000), in: Deutsche Krankenhausgesellschaft (Hrsg.), Gemeinsamer Standpunkt zur strafrechtlichen Bewertung der Zusammenarbeit zwischen Industrie, medizinischen Einrichtungen und deren Mitarbeitern, Broschüre, 1. Auflage.

Baier, P. (2008): Praxishandbuch Controlling, 2. Auflage, München.

Baumgartner, B. (1980): Die Controller-Konzeption, theoretische Darstellung und praktische Anwendung, Schriftenreihe des Instituts für Betriebswirtschaftliche Forschung an der Universität Zürich ; 35 , 1. Auflage, Bern u.a.

Baumöl, U. (2009): Compliance, in: Controlling – Zeitschrift für Erfolgsorientierte Unternehmenssteuerung, 21. Jahrgang 2009, Heft 2, S. 106-108.

Becker, W. / Ulrich, P. / Ries, M. (2014): GRC in der Gesundheitsbranche, Am Beispiel des Business Partner Due Dilligence Prozesses, in: ZRFC 2/14, S. 54-59.

Beckmann, D. / Huch, B. (2002): Controllingverständnis – dogmatisch oder pragmatisch? Zum paradigmatischen Kern des Controlling, in: Weber, J. / Hirsch, B. (Hrsg.), Controlling als akademische Disziplin, 1. Auflage, Wiesbaden, S. 145-160.

Bergmoser, U. / Theusinger, I. / Gushurst, K.-P- (2008): Corporate Compliance - Grundlagen und Umsetzung, in: Betriebs Berater Beilage 5, Heft 25/2008, S. 1-11.

BGH (2012): Beschluss vom 29. März 2012, GSSt 2/11, Landgericht Hamburg, S. 1-22.

Blohm, H. (1974): Die Gestaltung des betrieblichen Berichtswesens als Problem der Leitungsorganisation, 2. Auflage, Herne u.a.

Botthof, H.-J. (2012): Die 12 häufigsten Fehler im Reporting, in: CM Mai/Juni 2012, S. 63-65.

Brühl, K. / Humann, N. (2014): Compliance Reporting – Ein Instrument der Unternehmenssteuerung?, in: CM Januar / Februar 2014, S. 12-17.

Bungartz, O. (2010): Effiziente und effektive Interne Kontrollsysteme, in: Wagenhofer, A. (Hrsg.), Controlling und Corporate Governance-Anforderungen, 1. Auflage, Berlin, S. 131-157.

Code pénal vom 01.10.2014, http://www.legifrance.gouv.fr/affichCode.do;jsessionid=F5B62736FFBA8 ECD6297CD3FA61EC9A2.tpdjo05v_2?cidTexte=LEGITEXT0000060707 19&dateTexte=20141001, letzter Zugriff am 06.10.2014.

Coenenberg, A. G. / Fischer, T. M. / Günther, T. (2012): Kostenrechnung und Kostenanalyse, 8. Auflage, Stuttgart.

Coenenberg, A. G. / Haller, A. / Mattner, G. / Schultze, W. (2012): Einführung in das Rechnungswesen, 4. Auflage, Stuttgart.

Deloitte (2013): Global HCP Transparency Study Regulatory disclosure challenges and program guidance for life sciences companies, http://www.deloitte.com/assets/Dcom-United-States/Local%20Assets/Documents/Consulting%20MOs/CSMLs/us_con sulting_Global_HCP_Aggregate_Spend%20Study_02262013.pdf, S. 1-18, letzter Zugriff am 06.10.2014.

Deutscher Bundestag (2013a): Drucksache 17/12213, Bestechung und Bestechlichkeit im Gesundheitswesen unter Strafe stellen, 30.01.2013.

Deutscher Bundestag (2013b): Drucksache 17/12451, Unabhängigkeit der ärztlichen Entscheidungen sichern – Korruptives Verhalten effektiv bekämpfen, 25.02.2013.

Deyhle, A. (1972): Controller-Organisation, Neue Zuordnung der Aufgaben des Informations- und Rechnungswesens, in: Bürotechnik 20 (1972) 6, S. 815-823.

Deyhle, A. / Steigmeier, B. (1993): Controller und Controlling, ausgebaute u. überarbeitete Fassung der Reihe "Die Orientierung" ; 93, Bern u.a.

Diener, H. / Broch, U. (2014):Transparenz schafft Vertrauen und bekämpft Misstrauen – Neue Kodexregelungen zur Zusammenarbeit von forschenden Arzneimittelherstellern und Angehörigen der Fachkreise –, in: PharmR 2014, 1, S. 1-5.

Dieners, P. / Lembeck, U. (2010): Compliance-Management in der betrieblichen Praxis, in: Dieners, P. (Hrsg.), Handbuch Compliance im Gesundheitswesen, 3. Auflage, München, Kapitel 7, Rn. 1-Rn. 84.

DIIR-Arbeitskreis „Revision der Logistik" (2012): Key Performance Indicators (KPI) in der Internen Revision am Beispiel der Logistik, in: ZIR 1/12, S. 32-41.

EFPIA (2013a): EFPIA HCP/HCO DISCLOSURE CODE, CONSOLIDATED VERSION 2014, Approved by the General Assembly of 6 June, http://transparency.efpia.eu/uploads/Modules/Documents/efpia-disclosure-code---august-2013-edited-final.pdf, S. 1-15, letzter Zugriff am 06.10.2014.

EFPIA (2013b): SCHEDULE 2 – TEMPLATE http://transparency.efpia.eu/EFPIA%20DISCLOSURE%20CODE%20Schedule%202%20Template%20-%2013%20Template.pdf, letzter Zugriff am 06.10.2014.

EFPIA (2014): EFPIA Code on Disclosure of Transfers of Value from Pharmaceutical Companies to Healthcare Professionals and Healthcare Organisations (EFPIA HCP/HCO DISCLOSURE CODE), Frequently Asked Questions – FAQ, January 2014 Edition, ausschließlich den Mitgliedsunternehmen des EFPIA zur Umsetzung der Kodex-Regelungen bereitgestellt.

Eisl, C. / Höfler, R. / Hofer, P. / Losbichler, H. (2012): Aufgaben, Anforderungen und Karriereperspektiven im Controlling, in: CM März/April 2012, S. 86-91.

Erichsen, J. (2001): Controlling-Instrumente von A-Z, 8. Auflage, Freiburg.

Erwin, T. / Rau, Th. / Schlitt, Chr. (2013): Compliance Monitoring, in: Controlling & Management Review 4 | 2013, S. 58-63.

Finger, R. (2014): Business Intelligence als Diener aller Herren, in: Controlling & Management Review Sonderheft 1 | 2014, S. 44-50.

Franz, K.-P. / Kajüter, P. (2002): Zum Kern des Controlling, in: Weber, J. / Hirsch, B. (Hrsg.), Controlling als akademische Disziplin, 1. Auflage, Wiesbaden, S. 123-130.

Freiwillige Selbstkontrolle für die Arzneimittelindustrie e. V. (2013): FSA-Kodex zur Transparenz bei der Zusammenarbeit mit den Angehörigen der Fachkreise und medizinischen Einrichtungen („FSA-Transparenzkodex") vom 27.11.2013, http://pharma.fs-arzneimittelindustrie.de/fileadmin/2014-07-30_FSA-Transparenzkodex_mit_Leitlinien_Web.pdf, letzter Zugriff am 06.10.2014.

Freiwillige Selbstkontrolle für die Arzneimittelindustrie e. V. (o. J.): Über den FS Arzneimittelindustrie e.V., http://www.fs-arzneimittelindustrie.de/de/ueber-den-fsa., letzter Zugriff am 06.10.2014.

Friedl, B. (2003): Controlling, 1. Auflage, Stuttgart.

Goldacre, B. (2012): Bad Pharma: How Drug Companies Mislead Doctors and Harm Patients, 1. Auflage, London.

Günther, T. / Niepel, M. (2000): Controlling, Sammelrezension zu ausge-wählten Werken, in: DBW 60 (2000) 2, S. 222-240.

Hahn, D. / Hungenberg, H. (2001): PuK, 6. Auflage, Wiesbaden.

Hauschka, C. E. (2010): Einführung, in: Hauschka, C. E. (Hrsg.), Corporate Compliance, 2. Auflage, München, §1, Rn. 1-46.

Healy, D. (2012): Pharmageddon, 1. Auflage, Kalifornien.

Heitmann, H. (2009): Unternehmerische Transparenz herstellen mit mo-dernen Mitteln, in: Klenk, V./ Janke, D. J. (Hrsg.), Corporate Transpa-rency, 1. Auflage, Frankfurt am Main, S. 178-188.

Herzog, H. (2009a): Herausforderungen an Compliance-Organisationen am Beispiel der Pharmaindustrie, in: ZRFC 1/09, S. 29-36.

Herzog, H. (2009b): Transparenz als Voraussetzung für erfolgreiche Kri-senprävention und Compliance-Management, in: Klenk, V./ Janke, D. J. (Hrsg.), Corporate Transparency, 1. Auflage, Frankfurt am Main, S. 89-103.

Hontschik, B./Walter, C./Kobylinski, A. (2011): Patient im Visier: Die neue Strategie der Pharmakonzerne, 1. Auflage, Hamburg.

Horváth & Partners (2003): Das Controllingkonzept, 5. Auflage, München.

Horváth, P. (1991): Das Controllingkonzept, 1. Auflage, München.

Horváth, P. (1993): Controllinginstrumente, Wittmann, W. / Kern, W. / Köhler, R. / Küpper, H.-U. / v. Wysocki, K.(Hrsg.), Handwörterbuch der Betriebswirtschaft, 5. Auflage, Stuttgart, Sp. 669-680.

Horváth, P. (2002): Der koordinationsorientierte Ansatz, in: Weber, J. / Hirsch, B. (Hrsg.), Controlling als akademische Disziplin, 1. Auflage, Wiesbaden, S. 49-66.

Horváth, P. (2008): Grundlagen des Management Reportings, in: Gleich, R. / Horváth, P. / Michel, U. (Hrsg.), Management Reporting – Grundlagen, Praxis und Perspektiven, 1. Auflage, München, S. 15-42.

Horváth, P. (2011): Controlling, 12. Auflage, München.

Hostettler, O. (2012): Titelthema Gesundheitspolitik: Wie sich Ärzte von der Pharma kaufen lassen, in: Beobachter 07/2012, S. 20-27.

Huch, B. / Behme, W. / Ohlendorf, T. (2004): Rechnungswesen-orientiertes Controlling, 4. Auflage, Heidelberg.

Inderst, C. (2012): Der Aufbau einer Compliance Abteilung, in: Freidank, C.-Chr. / Velte, P. (Hrsg.), Corporate Governance, Abschlussprüfung und Compliance, Neue Entwicklungen aus nationaler und internationaler Sicht, 1. Auflage, Berlin, S. 223-238.

Izquierdo, J. Z. (2014): Transparency, Compliance, Trust: What you see is what you get?, in: Business Compliance 03-04/2014, S. 29 – 42.

Joos, T. (2014): Controlling, Kostenrechnung und Kostenmanagement, Grundlagen – Anwendungen – Instrumente, 5. Auflage, Wiesbaden.

Klenk, V. (2009): Corporate Transparency: Erfolgreich handeln im Glashaus, in: Klenk, V./ Janke, D. J. (Hrsg.), Corporate Transparency, 1. Auflage, Frankfurt am Main, S. 16-41.

Küpper, H.-J. / Weber, J. / Zünd, A. (1990): Zum Verständnis und Selbstverständnis des Controlling, in: ZfB 60. Jg. (1990), H.3, S. 281-293.

Küpper, H.-U. (2001): Controlling, Konzeption, Aufgaben und Instrumente, 3. Auflage, Stuttgart.

Lingnau, V. / Koffler, U. (2012): Untersuchung der Konsequenzen konzeptioneller Veränderungen auf das Controllinginstrumentarium, Beiträge zur Controlling-Forschung Nr.20, Technische Universität Kaiserslautern.

Littkemann, J. (2006): Unternehmenscontrolling, Konzepte, Instrumente, praktische Anwendungen, mit durchgängiger Fallstudie 1. Auflage 2006

LOI n° 2011-2012 (2011): LOI n° 2011-2012 du 29 décembre 2011 relative au renforcement de la sécurité sanitaire du médicament et des produits de santé, http://www.legifrance.gouv.fr/affichTexte.do;jsessionid=EEBCF831F2CD 446ABEB3173482DACF43.tpdjo05v_2?cidTexte=JORFTEXT000025053 440&dateTexte=20111230, letzter Zugriff am 06.10.2014.

Losbichler, H. (2013): Das neue Controller-Leitbild und die Kernelemente des Controllings, in: CM September/Oktober 2013, S. 68-73.

Lühn, M. (2010): Wirksame Corporate Governance durch das Zusammen-spiel von Interner Revision und Compliance mit Controlling in: Wagen-hofer, A. (Hrsg.), Controlling und Corporate Governance-Anforderungen, 1. Auflage, Berlin, S. 231-249.

Marschlich, A. / Paffen, R. / Wetzel, S. (2014): EFPIA Transparenz-Kodex – Unternehmen stehen vor der Herausforderung steigender Transparenz-anforderungen, in: CCZ 2014, S. 98-105.

Moosmayer, K. (2012): Compliance, 2. Auflage, München.

o. V. (2012): Zuwendungen an Ärzte: Industrie will alles veröffentlichen, in: Ärzte Zeitung Nr. 153 vom 31.08.2012, S. 5.

o. V. (2013a): Ärztetag: Klares Votum für Transparenz, in: Ärztezeitung Nr. 189 vom 18.12.2013, S. 26.

o. V. (2013b): Let the sunshine in, in: The Economist, Mar 2nd 2013, S. 63.

o. V. (2013c): Neue Transparenz zwischen Ärzten und Arzneiindustrie, in: Ärzte Zeitung Nr. 180 vom 27.11.2013, S. 1.

o. V. (2013d): Transparenz contra Korruption, in: Ärzte Zeitung Nr. 189 vom 18.12.2013, S. 21.

o. V. (2013e): Transparenz schafft Glaubwürdigkeit, in: Management & Krankenhaus vom 06.08.2013, Heft 8/2013, Seite 20.

o. V. (2014): Kooperation sichtbar machen, in: Ärzte Zeitung Nr. 59 vom 29.05.2014, S. 23.

Ossadnik, W. / van Lengerich, E. / Barklage, D. (2010): Controlling mittel-ständischer Unternehmen, 1. Auflage, Heidelberg.

Otto, B. / Hinderer, H. (2009):Datenqualitätsmanagement im Lieferanten-Controlling, in: ZfCM | Controlling & Management 53. Jg. 2009, H.1, S. 2-10.

Pampel, J. R. / Krolak, T. (2010): §16 Risikomanagement durch Controlling, in: Hauschka, C. E. (Hrsg.), Corporate Compliance, 2. Auflage, München, Rn. 22-25.

Picard, N. (2009): Unternehmensberichterstattung von morgen: Transparenz als Voraussetzung für das Vertrauen des Kapitalmarktes, in: Klenk, V./ Janke, D. J. (Hrsg.), Corporate Transparency, 1. Auflage, Frankfurt am Main, S. 104-131.

PwC (2013): Wirtschaftskriminalität, Pharmaindustrie, Frankfurt am Main und Halle an der Saale, http://www.pwc.de/de_DE/de/gesundheitswesen-und-pharma/assets/pharmabranche-fehlt-rezept-gegen-korruption.pdf, letzter Zugriff am 06.10.2014.

PwC (2014): EFPIA and O-US Transparency Requirements: Implementing an aggregate spend program in a global marketplace, http://www.corporateaccountability2014.com/Paris/CourseMaterial/Panel_2/Panel%202.12.pdf, letzter Zugriff am 06.10.2014.

Reh, T. / Willhöft, C. (2014): Transparenzverpflichtungen der Healthcare-Unternehmen, Eine Bestandsaufnahme, in: ZRFC 2/14, S. 60-67.

Reichmann, T. (2006): Controlling mit Kennzahlen und Management-Tools, 7. Auflage, München.

Reißig-Thust, S. / Weber, J. (2011): Controlling & Compliance, Aufgaben der Controller im Risk-and-Fraud-Management, 1. Auflage, Weinheim.

Schäfer, B. / Wulf, I. (2012): Auswirkungen der Corporate Governance auf das Controlling, Praxisstudie bestätigt theoretisch abgeleitete Erwartungen, in: ZCG 3/12, S. 113-117.

Schick, E. (2009): Transparenz und Vertrauen als Basis für nachhaltigen Erfolg, in: Klenk, V./ Janke, D. J. (Hrsg.), Corporate Transparency, 1. Auflage, Frankfurt am Main, S. 165-177.

Schmelzer, H. / Sesselmann, W. (2010): Geschäftsprozessmanagement in der Praxis, 7. Auflage, München.

Schmid-Gundram, R. (2014): Controlling-Praxis im Mittelstand : Aufbau eines Controllingsystems basierend auf Lexware, DATEV und SAP, 1. Auflage, Wiesbaden.

Schneider, H. / Kißling, Dipl.-Soz. K. (2012): Compliance im Unternehmen – Wo steht die Pharmaindustrie?, in: A&R 06/12, 261-265.

Schreyögg, G. (2012): Grundlagen der Organisation: Basiswissen für Studium und Praxis Taschenbuch, 1. Auflage, Wiesbaden.

Schwarzmaier, U. (2013): Entwicklungstendenzen des Controllings unter besonderer Berücksichtigung der Veränderungen durch die Nachhaltigkeitsdiskussion in: CM Juli/August 2013, S. 29-36.

Schwarzmaier, U. (2014): Reporting gestern und heute, Der Wandel des Reportings in den letzten 20 Jahren, in: CM Mai/Juni 2014, S. 22-26.

Seidl, J. (2002), Business Process Performance, in: HMD 227, 39. Jahrgang, Oktober 2002, S. 27-35.

The Patient Protection and Affordable Care Act (2010), https://democrats.senate.gov/pdfs/reform/patient-protection-affordable-care-act-as-passed.pdf, Sec.6002, S. 571-578, letzter Zugriff am 06.10.2014.

Stibbe, R. / Voigtländer, M. (2013): CSR als Wettbewerbsfaktor – Einstieg durch transparente Dokumentation, in: Controlling & Management Review 4 | 2013, S. 8-16.

Szyszka, U. (2001): Operatives Controlling auf Basis IT-gestützter Kostenrechnung, 1. Auflage, Wiesbaden.

Thurow, Chr. (2011): Key Risk Indicator (KRI) – Frühwarninstrument für eine zeitnahe Überwachung betrieblicher Prozesse, in: BC, Heft 8, S. 348-351.

Transparency International - Deutschland e.V. (o. J.): Gesundheitswesen, http://www.transparency.de/Gesundheitswesen.61.0.html, letzter Zugriff am 06.10.2014.

Umbach, G. (2014): Kompaktwissen im Pharma-Marketing, in: pharmind Nr. 04/2014, S. 538-543.

Van Roomen, T. / Bridge, D. (2013): The Compliance Challenge, Corruption Risk at the Sharp End of the Business, in: Business Compliance 03-04/2013, S. 61-71.

Volz, M. (2011): Korruptionsbekämpfung und Transparenzbestrebungen im US Gesundheitswesen – staatlich verordnete „Sonnentherapie" auch für ausländische Pharmaunternehmen?, in: CCZ, Heft 4, S. 121-126.

Wagenhofer, A. (2010): Corporate Governance und Controlling, in: Wagenhofer, A. (Hrsg.), Controlling und Corporate Governance-Anforderungen, 1. Auflage, Berlin, S. 1-22.

Wagenhofer, A. / Ewert, R. (2007): Externe Unternehmensrechnung, 2. Auflage, Berlin (u.a.).

Weber, J. (2012): Controller & Compliance, in: CM Januar / Februar 2012, S. 62-63.

Weber, J. / Georg, J. / Janke, R. (2010): Nachhaltigkeit: Relevant für das Controlling?, in: ZfCM | Controlling & Management 54. Jg. 2010, H.6, S. 395-400.

Weber, J. / Janke, R. (2013): Controlling in Zahlen, Advanced controlling: 85, 1. Auflage, Weinheim.

Weber, J. / Schäffer, U. (1999): Sicherstellung der Rationalität von Führung als Aufgabe des Controlling?, in: DBW 59 (1999) 6, S. 731-747.

Weber, J. / Schäffer, U. (2000): Controlling als Koordinationsfunktion?– Zehn Jahre nach Küpper/Weber/Zünd, in: KRP Kostenrechnungspraxis, 44. Jg., 2000, H. 2, S. 109-118.

Weber, J. / Schäffer, U. (2001): Rationalitätssicherung der Führung – Beiträge zu einer Theorie des Controlling, 1. Auflage, Wiesbaden.

Weber, J. / Schäffer, U. (2013): Vom Erbsenzähler zum Business Partner, 1. Auflage, Weinheim.

Wulf, I. / Schäfer, B. (2010): Auswirkungen der Corporate Governance auf das Controlling, Eine Analyse auf der Basis von Corporate-Governance-Mechanismen und relevanten Rechtsnormen, in: ZCG 6/10, S. 261-267.

Anhang: EFPIA-Kodex FAQ

EFPIA Code on Disclosure of Transfers of Value from Pharmaceutical Companies to Healthcare Professionals and Healthcare Organisations

(EFPIA HCP/HCO DISCLOSURE CODE)

Frequently Asked Questions – FAQ

This document is provided as a support to Member Associations in Transposition of the Code and to Corporate Members in preparing their systems, with a view to ensuring consistent implementation of the EFPIA HCP/HCO Disclosure Code.

It is understood that unless there is a strong legal mandatory requirement, no deviations from the EFPIA HCP/HCP Disclosure Code should be envisaged by the Member Associations, who are required to transpose the Code in full by 31 December 2013.

This document replaces previous drafts and editions
Where the question is from previous drafts released, the batch and question number has been added for ease of reference (e.g. Batch x, Q.x).

Updates versus previous edition *(marked in orange)*
p. 5 – Clarification on the Template
p. 9 – Revised Template

Points of Clarification and Definitions

Transposition Expectation

The EFPIA Codes set out the minimum standards, which must apply to all countries with an EFPIA Member Association. The Member Associations are required to transpose the EFPIA Codes in their national codes, in line with applicable laws and regulations.

The Member Associations are expected:

- Where possible, to transpose the EFPIA Code in full (without deviations);
- Deviations from the EFPIA Code should not go beyond mandatory national laws & regulations;
- Where required, national codes should be drafted in a manner, which allows implementation issues to be addressed/ clarified at a later date, where appropriate.

Issues that will arise at the time of disclosure – i.e. potential implementation issues – should not be a barrier, to the transposition of the Code. Such issues, e.g. privacy, may be dealt with during the implementation phase. The Member Company (who owns the data) will be responsible to gain consent of the Recipient of a Transfer of Value, and will make its own decision on how it will comply with the Code.

66

Research and Development

Where questions arise relating to potential Research and Development activities, companies should first consider if the activity fulfils the definition of Research and Development, set out below:

- If the answer is yes, then the disclosure should be on an aggregate basis, as set out in Section 3.04, under the category "Research and Development Transfers of Value".
- If the answer is no, then the Member Company should declare, as required, on an individual basis as set out in Section 3.01.

The Disclosure Code defines "Research and Development Transfers of Value" as Transfers of Value to HCPs or HCOs related to the planning or conduct of:

i.   non-clinical studies (as defined in *OECD Principles on Good Laboratory Practice*);
ii. clinical trials (as defined in Directive 2001/20/EC); or
iii. non-interventional studies that are prospective in nature and that involve the collection of patient data from or on behalf of individual, or groups of, HCPs specifically for the study (*Section 15.01 of the HCP Code*).

Definitions in the relevant legal and regulatory instruments

i.   **Non-clinical studies as defined in the OECD Principles on Good Laboratory Practice**

The OECD Principles on Good Laboratory Practice (as latest revised in 1997) define non-clinical studies as follows (Section I – 2. Definitions of Terms; section 2.3.1):

> *Non-clinical health and environmental safety study, henceforth referred to simply as "study", means an experiment or set of experiments in which a test item is examined under laboratory conditions or in the environment to obtain data on its properties and/or its safety, intended for submission to appropriate regulatory authorities.*

For complete reference, see www.oecd.org

ii. **Clinical trials (as defined in Directive 2001/20/EC)**

The EU Directive 2001/20/EC (Article 2(a)) defines clinical trials as:

> *any investigation in human subjects intended to discover or verify the clinical, pharmacological and/or other pharmaco-dynamic effects of one or more investigational medicinal product(s), and/or to identify any adverse reactions to one or more investigational medicinal product(s) and/or to study absorption, distribution, metabolism and excretion of one or more investigational medicinal product(s) with the object of ascertaining its (their) safety and/or efficacy.*

For complete reference, see http://eur-lex.europa.eu

iii. Non-interventional studies

The EU Directive 2001/20/EC (Article 2(c)) defines non-interventional trials as:

> study(ies) where the medicinal product(s) is (are) prescribed in the usual manner in accordance with the terms of the marketing authorisation. The assignment of the patient to a particular therapeutic strategy is not decided in advance by a trial protocol but falls within current practice and the prescription of the medicine is clearly separated from the decision to include the patient in the study. No additional diagnostic or monitoring procedures shall be applied to the patients and epidemiological methods shall be used for the analysis of collected data.

Non-interventional studies are subject to the provisions of the EFPIA HCP Code (Section 15.01).

Template

Concern that if the Template is not made mandatory, there will be disparities and inconsistencies in reporting both at a national and from country to the other was shared with the Executive Committee that recommended a clarification to the Disclosure Code.

- ➤ At its 18 December meeting (by telephone), the Board acknowledged the value of making the Disclosure Template mandatory, which will therefore be referenced as "The Template".
- ➤ Deviations would only be acceptable where legal requirements justify that the EFPIA Code is not transposed in full, and therefore, in a given country, a single template shall apply.
- ➤ Further work is ongoing to establish the possible areas of the Template, which would be acceptable to change, in light of the acceptable deviations.

The EFPIA HCP/HCO Disclosure Code will be amended accordingly, and will be submitted to the 2014 General Assembly for formal ratification.

FREQUENTLY ASEKD QUESTIONS
Submitted by the Membership
Questions follow the order of the Code Sections & Articles

PREAMBLE

1. *Question (Preamble, §6) (Batch 1 Q.3 re-worded):* **What efforts has EFPIA taken to ensure that transparency can be achieved without sacrificing the legitimate privacy interests of healthcare professionals?**

Answer: When transposing the EFPIA HCP/HCO Disclosure Code into national codes, each Member Association should obtain the necessary legal advice as to applicable competition laws and regulations in its country.

EFPIA has engaged (and will continue to engage) with scientific and medical societies at the European level with a view to ensuring full understanding of the industry's standards. Member Associations are expected to engage in similar discussions at the national level. In some countries, this may lead to co-creation of disclosure platforms with HCPs/HCOs (see also section 2.04).

APPLICABILITY OF THE CODE

2. *Question (Applicability of the Code, §4):* **What efforts have EFPIA taken to ensure that its Code is compatible with competition laws and regulation?**

Answer: The Code was drafted with the support of legal counsel, taking into account the relevant competition law and data privacy law considerations. This support gives EFPIA sufficient comfort as to conformity of the Code with applicable EU legislation.

3. *Question (Applicability of the Code, §6) (Batch 2 Q.2):* **What should companies do if they believe that disclosure requirements may pertain to commercially sensitive or other information not suitable for being disclosed by Member Companies? Will EFPIA provide additional guidance with respect to such situations?**

Answer. The Methodology Note is designed to ensure it is clear how data has been managed such that companies do not have to publish what would be seen as commercially sensitive, in compliance with all relevant laws and regulations.

The content of the Methodology Note is the exclusive responsibility of the Member Companies, and EFPIA will not provide additional guidance.

4. Question (Applicability of the Code, §§ 6 & 7) (Batch 1 Q.7): Once a Member Association has transposed and adopted a local version of the Code, should Member Companies follow the national code (rather than the Code) in each country in which they operate, even if a particular country has not transposed all of the EFPIA requirements?

Answer: It is a condition of EFPIA membership that Member Associations adopt all EFPIA Codes in full, and that Member Companies comply with the national codes (even in those countries where they are not a direct member of the relevant Member Association). EFPIA has the right to exclude any member – corporate or association – that does not meet its obligations under the EFPIA Codes or otherwise jeopardise achieving the goals pursued by EFPIA.

Where a Member Company operates in a jurisdiction where a Member Association has transposed the EFPIA Code into its national code by the relevant deadline but with a deviation agreed by EFPIA, such Member Company will be required to comply with the Member Association's Code.

Where a Member Company operates in a jurisdiction where a Member Association has failed to transpose the EFPIA Code into its national code by the relevant deadline, such Member Company will be required to comply with the EFPIA Code directly in the country concerned – i.e. the EFPIA Code would then have "direct effect" in such country (see Applicability, para 6).

If a Member Company is not a member of the EFPIA Member Association in any given country in Europe, it agrees, as a consequence of its membership in EFPIA (either directly or through its relevant subsidiary), to be bound by that EFPIA Member Association's code (see Applicability, para 7).

EFPIA Code Committee, in principle, consider where third parties represent or act on behalf of a Member Company the respective obligations should be transferred and are looking into how this should be reflected appropriately in the Code.

ARTICLES

5. Question (Section 1.01) (Batch 1 Q.9): Does the reporting obligation apply to value/cost of Transfers of Value made by a Member Company, or should the disclosure focus on the income / benefit that the Transfer of Value constitutes for a HCP/HCO?

Answer: The disclosure obligation pertains to Transfers of Value made by Member Companies, not to the resulting income / benefit to the HCP/HCO.

6. Question (Section 1.02) (Batch 2 Q.4): Where companies have Non-Medical, Over-the-Counter (OTC), Diagnostics and other Healthcare Divisions, what should they declare under the Code?

The Code aims at disclosing monetary values attached to activities that are self-regulated by the EFPIA HCP Code, which governs activities relating to prescription-only medicines (POM).

In principle, the Disclosure Code is linked to POM. However, the Code excludes Transfers of Value that:

- are solely related to over-the-counter medicines;
- are not listed in Article 3 of the Disclosure Code (e.g. informational or educational materials and items of medical utility; meals and drinks; medical samples);
- are part of ordinary course purchases and sales of medicinal products.

The "legal status" (POM, OTC, etc.) of a medicine is defined in the pharmaceutical regulation, and may differ from one country to the other.

Therefore, Transfers of Value relating to a group of products that includes a POM (e.g. combination products/diagnostics and medicinal products) should be reported in total following the disclosure requirements of the Code.

Member Companies should include additional clarification, on how such situations have been managed, in their Methodological Note.

7. Question *(Sections 2.04 & 2.05) (Batch 1 Q.14):* **Which legal entities are required to make disclosures? Are disclosures by the parent company sufficient or are local affiliates required to make their own disclosures? Can affiliates of the same company in one country each disclose part of the Transfers of Value?**

Answer: Each Member Company will decide how to organise its disclosures, either at a central or local level, unless the national code fixes the platform of disclosure. However, relevant disclosures should be publicly accessible in the country where the Recipient has their practice.

If a Member Company is not resident or does not have a subsidiary or an affiliate in the country where the Recipient has their principal practice, the Member Company should disclose such Transfer of Value in a manner consistent with the national code of the country where the Recipient has their practice.

When a Member Company has separate organisations within the same country, it will decide on the most appropriate legal entity for such disclosures. All Transfers of Value to a given Recipient should be disclosed in "one place" – disclosure in the country where the Recipient has their practice must cover all Transfers of Value made to the same HCP/HCO, irrespective of where they occurred (i.e. whether in or outside of the country where the Recipient has its practice).

Regardless of the approach used (i.e. disclosure on the parent company's website or at an affiliate level), disclosures must be made in compliance with the national code applicable in the country where the Recipient has its practice, in line with applicable national laws and regulations.

In the event that several parts of the same Member Company generate payments in the same country to the same HCPs, these payments should be disclosed on the same website, and cannot be split, on the basis of a different part of the company engaging.

Moreover, disclosures have to take into account local arrangements and this is particularly relevant if the Member Association requires disclosure by means of a central platform.

8. Question (Section 2.05) (Batch 1 Q.15): When a consultant is used in another country, where should this be disclosed?

Answer: Transfers of Value to a HCP / HCO whose practice, professional address or place of incorporation is in Europe, are required to be disclosed in the country where the Recipient has its principal practice, pursuant to the national code of the country where the Recipient's principle practice is located, whether the Transfers of Value occur in or outside that country.

The Code requires transparency of Transfers of Value based on the country of primary/principal practice, which will ensure that the searching patient or other interested stakeholder can easily find this information. The physical address where the HCP practices or HCO is located should be used as the reference when determining in which country the data should be disclosed.

Each Member Company will clarify in its Methodological Note how cross-border Transfers of Value are being disclosed.

Examples:
- A Member Company's US headquarters sponsoring a HCP whose practice is in Sweden for an activity in Germany will be required to disclose the Transfer of Value under the name of the Recipient HCP in Sweden (following the applicable laws, regulations and the national code in Sweden).
- An Italian Member Company sponsoring a HCO located in Italy to provide expertise to a hospital in Tunisia will be required to disclose the Transfer of Value in the name of the Recipient HCO in Italy (following the application of Italian laws, regulations and national codes in Italy).
- A Spanish Member Company sponsoring a US expert for participation in an advisory board in Argentina is not required to disclose that Transfer of Value under the EFPIA Code. However, disclosure may be required in other jurisdictions, including in the US under the "Sunshine Act".

9. Question (Section 2.05) (Batch 2 Q.8): A US affiliate of a company that is an EFPIA direct member makes a Transfer of Value to a (Spanish) HCP. Is it understood that this Transfer of Value has to be captured according to the (Spanish) Code, and the (Spanish) affiliate, if any – not the US one – would be responsible for reporting the Transfer of Value? Which entity would be sanctioned?

Answer: Disclosures shall be made pursuant to the national code of the country where the Recipient has its principal practice. Unless the platform for disclosure is fixed in the national code or imposed by national law, the Member Company will decide whether the disclosure will be made on the companies head office website or each affiliates website. But it must be possible for the public to easily find and access the disclosed information in the country where the Recipient has its principal practice.

In case the Member Company is found in breach of the applicable code, the Member Association of the country where the Recipient has its principal practice, in this instance Spain, would sanction the Spanish company as this is within their jurisdiction.

For example, in the UK it is a clearly established principle that the UK Company is responsible under the ABPI Code for the activities of overseas companies in the UK.

73

10. Question (Section 2.05) (Batch 1 Q.16): Are non-European companies – e.g. a US company – required to disclosure Transfers of value to HCPs/HCOs in Europe?

Answer: Any company that is a corporate member of EFPIA is required to comply with the EFPIA Codes. The Code requires, for example, that Transfers of Value made by the US part of a Member Company to HCPs/HCOs with their practice in one of the 33 countries covered by EFPIA should be disclosed.

The EFPIA Code applies to all EFPIA members as defined under the section "Applicability of The Code", which covers:
- Corporate Member Companies;
- Members of EFPIA Specialised Groups: (i) European Bio-pharmaceutical Enterprises
- (EBE); and (ii) Vaccines Europe (VE); and
- Member Companies of Member Associations that are not directly members of EFPIA.

For EFPIA direct membership (i.e. corporate members), separate entities belonging to the same multinational company – which could be the parent company (e.g. the headquarters, the principle office, or the controlling company of a commercial enterprise), subsidiary company or any other form of enterprise or organization – are deemed to constitute a single company, and as such require to comply with the EFPIA Codes.

11. Question (Section 3.01) (Batch 1 Q.33): What does the phrase "clearly identifiable Recipient" mean?

Answer: Member Companies have to ensure that each Recipient is identified in such a way that there cannot be any doubt about the identity of the HCP/HCO receiving the Transfer of Value.

12. Question (Section 3.01): What is meant by the "unique identifier"?

Answer: EFPIA will not develop unique identifiers for HCPs / HCOs in Europe.

For the purpose of the disclosure in the Template, Member Associations are strongly recommended to provide guidance on the most appropriate "professional code" in their country that Member Companies should use as unique identifiers.

In the Model Template (see Schedule 2), it has been suggested that such *unique identifier* would include:
- the Full Name;
- for a HCP: the City of Principal Practice;
- for a HCO: the City where Registered;
- the Country of Principal Practice;
- the physical address of the Principal Practice; and
- (where applicable) the Unique Country Local Identifier (e.g. a professional code)

Whether such full details can be publically disclosed may depend on applicable data protection laws and regulations.

74

13. *Question (Section 3.01) (Batch 1 Q.24):* How should "related expenses" agreed to in a Fee for Service or Consultancy contract be treated?

Answer. "Related expenses," agreed to in a "Fees for Service" or "Consultancy" contract should, in principle, be disclosed in the relevant category – i.e. the amount of the fee will be shown separately from the related expenses agreed in the Fee for Service or the consultancy contract *(see Schedule 2 Model Template).*

Where a service agreement / consultancy agreement is in place, <u>incidental expenses</u> would be for example, the travel and accommodation cost associated with the activity and as such do not constitute part of the Fees being paid to the contracted party. When such expenses are not material (e.g. of limited value), Member Companies may not have registered them separately from the Fees. If disaggregation of expenses registered in the companies' accounts is not appropriate or easily achievable, Member Companies should explain the treatment of the "related expenses" in their Methodology Notes.

Revised Template (see also p. 5)

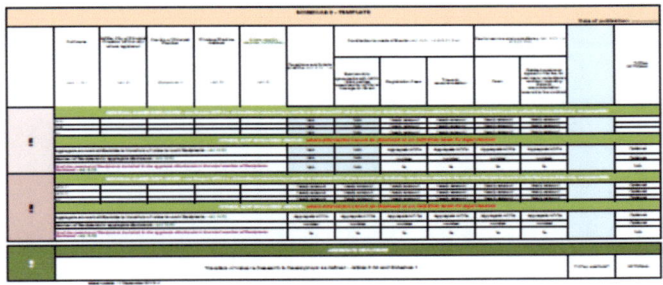

14. *Question (Section 3.01) (Batch 1 Q.25):* If services are performed in connection with a third-party congress, should the related expenses be disclosed under "Contribution to costs related to Events" or "Fees for Service and Consultancy"?

Answer. In this example, services are performed (either by a HCP/HCO): therefore these should be declared under the "Fee for Service" category.

15. *Question (Section 3.01) (Batch 1 Q.26):* How should the hire of booths or stand space be disclosed?

Answer. The hire of booths or stand space are, in principle, regulated by a "Sponsorship Agreements" with HCOs or with Third Parties that manage an event.

When organised by Third Parties, the sponsorship would be considered an indirect Transfer of Value. Disclosure should be made in the country where the HCO is registered.

Member Companies are advised to include a provision relating to the consent to disclose in their "Sponsorship Agreements".

16. Question *(Section 3.01(1)(b)(ii)) (Batch 1 Q.42):* What Transfers of Value should be reported under "Registration Fees" paid to HCOs?

Answer: The total amount of Registration Fees paid in a given year to a HCO should be disclosed on an individual basis under "Contribution to costs related to Events".

17. Question *(Section 3.01(2)(a)(i)) (Batch 1 Q.43):* What Transfers of Value should be reported under "Registration Fees" paid to a HCP?

Answer: The total amount of Registration Fees paid in a given year to a HCP who is the clearly identifiable Recipient should be disclosed on an individual basis under "Contribution to costs related to Events".

18. Question *(Section 3.01(1)(b)(ii)) (Batch 1 Q.44):* What types of items should be reported under "Sponsorship Agreements" with HCOs or with Third Parties Appointed by a HCO to Manage an Event"?

Answer: "Sponsorship Agreements" are formalised in contracts that describe the purpose of the sponsorship and the related Transfers of Value. If the contract includes "Registration fees" and "Travel and Accommodation", such Transfers of Value should, in principle, be disclosed separately in the relevant categories.

Examples of activities that should as a minimum be covered under "Sponsorship Agreements":
- Rental of booths at an "Event";
- Advertisement space (in paper, electronic or other format);
- Satellite symposia at a congress;
- Sponsoring of speakers/faculty;
- If part of a package, drinks or meals provided by the organisers (included in the "Sponsorship Agreement");
- Courses provided by a HCO (where the Member Company does not select the individual HCPs participating).

Member Companies may provide additional clarification on the nature of the Transfers of Value included in this category in their Methodology Notes.

19. Question *(Section 3.01(1)(c) & (2)(b)) (Batch 1 Q.48):* What types of items should be reported under "Fees for Service and Consultancy" to a HCP/HCO, directly or through a third party?

Answer: In principle, Member Companies will formalise such collaboration in a contract describing the purpose of Transfers of Value.

Examples of Transfers of Value that could be covered under Fee for Service and Consultancy agreements:
- Speakers' fees;
- Speaker training;
- Medical writing;
- Data analysis;
- Development of education materials;
- General consulting / advising.

20. *Question (Section 3.02) (Batch 1 Q.23.):* What must a Member Company do if it does not obtain a consent from a HCP (or a HCO, where appliable) for disclosure on an individual basis?

Answer: Member Companies should make their best efforts to obtain the consents necessary to disclosure Transfers of Value at the individual level, with aggregate disclosure used in exceptional circumstances only.

For instance, where Member Companies would be required by national laws and regulations to obtain the consent of the Recipient for individual disclosure and the Recipient will not consent to such disclosure, the relevant Transfer of Value may be disclosed on an aggregate basis.

Where Transfers of Value occur in the context of a contract, the contract provides an opportunity to obtain the HCP's /HCO's consent to the processing of his/her/its personal data for the purpose of meeting the Member Company's obligations under the Code. It is recommended that Member Companies (data controllers) create and retain evidence showing that such consent has been requested / obtained.

The following footnote will be added to Section 4.01 of the EFPIA Code:
  When making a Transfer of Value to a HCP/HCO, and in their written contracts with HCPs/HCOs, Member Companies are encouraged to include provisions relating to the Recipients' consent to disclose Transfers of Value in accordance with the provisions of the Code. In addition, Member Companies are encouraged to renegotiate existing contracts at their earliest convenience to include such consent to disclose.

21. *Question (Section 3.02) (Batch 1 Q.22):* What circumstances can constitute "legal reasons" preventing disclosure on an individual basis for purposes of Section 3.02?

Answer: This can happen, for example where disclosures on an individual basis are not permitted by local data protection laws unless the Recipient's consent has been obtained.

The EU Data Protection Directive (Directive 95/46/EC) has been transposed into national legislation in all EU Member States. National requirements regarding the processing of personal data and obtaining the consent to disclosure from the data subject differ significantly from jurisdiction to jurisdicton

Member Companies must comply with applicable data protection and other laws, which may impose certain limitations on their ability to make disclosures on an individual basis. A company (as a data controller) may have legitimate interest in disclosing data, for instance, to promote confidence in its relationship with HCPs. The data subject's interests must outweigh this legitimate interest. The legal basis is significantly strengthened when a data controller can show the required consent had been obtained.

Data privacy requirements must in each case be checked at the national level (i.e. the jurisdiction of the Recipient) by the Member Company prior to disclosure.

For good understanding Member Associations are not prevented from transposing the Code before such consent issues are resolved.

22. Question (Sections 4.02 & 4.03) (Batch 1 Q.6): Should the existing national codes be modified to cover the same scope of disclosures as the Code? When local law does not cover the same spectrum of disclosures as the Code, would disclosures pursuant to local law be deemed sufficient?

Answer: In principle, Member Associations are asked to transpose the Code in full and in a manner consistent with applicable laws and other applicable legal requirements. Member Associations are required to inform EFPIA of reasons why national disclosure requirements differ from those required under the EFPIA Code. Such differences shall be clearly and conspicuously so identified.

The EFPIA Codes Committee will submit a report to the Board on the status of transposition by no later than 31 March 2014. *This will be preceded by regular reports to Executive Committee (January 2014) and Board (February).*

Unless there are strong legal mandatory requirements, it is expected that Member Associations will transpose the Code in full i.e. without deviations. In each country, Member Companies will be required to comply with the disclosure requirements applicable in that country.

23. Question (Section 4.03) (Batch 1 Q.5 reworded): Would disclosure in line with national requirements be considered sufficient if the national provisions do not require as many categories as the Code (e.g. in Portugal, fees and congress support are published by the HCPs themselves, not by the companies)?

Answer: EFPIA is not in a position to communicate a definitive decision regarding each national situation until it will have reviewed the (draft) national codes submitted. However, as a general matter, deviations from the Code are only allowed in exceptional circumstances where a conflict exists between the Code's requirements and applicable national law or regulation, and only to the extent necessary to comply with such national law or regulation.

Member Associations are required to inform EFPIA of reasons why national disclosure requirements will differ from those required under the EFPIA Code. Such differences shall be clearly and conspicuously so identified and will be reported to the Board. When confirmed by the EFPIA General Assembly, Member Companies will conform to national requirements.

SCHEDULE 1 - DEFINITIONS

24. *Question (Schedule 1: HCP Definition):* Does EFPIA plan to provide Member Companies with a list of all specialties and professional designations that fall into the definition of a "HCP"?

Answer: No. The EFPIA HCP Code defines HCPs as any member of the medical, dental, pharmacy or nursing professions or any other person who, in the course of his or her professional activities, may prescribe, purchase, supply or administer a medicinal product. *See EFPIA HCP Code (Scope - § 4)*

The Member Associations have transposed the EFPIA HCP Code into their national codes. In principle, these codes will include the list of specialities and professional designations that fall into the definition of an HCP, also reflecting healthcare practice in the country – for instance, nurses can prescribe medicines in some countries but are not allowed to do so in other countries.

25. *Question (Schedule 1: HCO Definition) (Batch 1 Q.51):* How is a "Foundation" defined for the purposes of the "HCO" definition?

Answer: A "Foundation" is one of the legal forms in which HCPs/HCOs may operate and organise relationships with Member Companies.

Member Companies will need to determine on a case-by-case basis whether a particular Foundation falls within the definition of a HCO under the Code, taking into account factors such as the foundation's characteristics, members, bylaws and purpose.

Where Member Companies engage, provide a Transfer of Value etc. to a Foundation, due diligence would be to ensure all such support, engagements and the like are appropriately documented in a writing (preferably a contract), that may also include a clause consenting the individual disclosure of the Transfer of Value.

26. *Question (HCO Definition) (Batch 1 Q.52):* Are research organisations (such as INSERM in France) considered HCOs for purposes of the Code?

Answer: INSERM is a Medical Research Organisation and as such would be classified as a HCO.

As with any Transfer of Value, the purpose and intent of any payment made to INSERM, or similar organisations, should be considered to establish if such payments are in scope of the Code. If they are, they should then be disclosed under the appropriate category for a HCO.

Where Member Companies engage, provide a Transfer of Value to a research organisation, due diligence would be to ensure all such support, engagements and the like are appropriately documented in a writing (preferably a contract), that may also include a clause consenting the individual disclosure of the Transfer of Value.

27. Question *(Schedule 1: HCO Definition) (Batch 1 Q.53):* Should Transfers of Value to universities or teaching institutions be disclosed under the Code?

Answer. As a general matter, the Code does not provide for the disclosure of interactions between Member Companies and teaching institutions (such as support of or involvement in a management programme). However, where such support or involvement ultimately benefits a HCP, then such Transfer of Value should be disclosed under the Code identifying the Recipient, in this instance the teaching institution, of such Transfer of Value.

As such, Transfers of Value to a Faculty of Medicine at a university or to a University Hospital should be disclosed under the relevant category. Collaboration with such entities will be company-specific and each Member Company should organise its disclosures accordingly and provide additional information in its Methodology Note.

Where Member Companies engage, provide a Transfer of Value etc. to a university or a teaching institution, due diligence would be to ensure all such support, engagements and the like are appropriately documented in a writing (preferably a contract), that may also include a clause consenting the individual disclosure of the Transfer of Value.

28. Question *(Schedule 1: HCP and HCO Definitions) (Batch 2 Q.22):* Under the Code, would a self-incorporated HCP (where he/she is the only employee of the corporation) be considered a HCO?

Answer. Yes. HCO is defined as "Any legal person (i) that is a healthcare, medical or scientific association or organisation (irrespective of the legal or organisational form) such as a hospital, clinic, foundation, university or other teaching institution or learned society (except for patient organisations within the scope of the EFPIA PO Code) whose business address, place of incorporation or primary place of operation is in Europe or (ii) through which one or more HCPs provide services".
